分鐘
和陌生人成爲朋友

用最短的時間，走進陌生人的內心！

燕君 著

我們的朋友
都隱藏在陌生人之中，
他們不難接近，
更不是可怕的！

快速結交陌生人是一門藝術，包含心理學、口才學、禮儀學、自我推銷方法，是各行各業的成功人士不可或缺的能力。

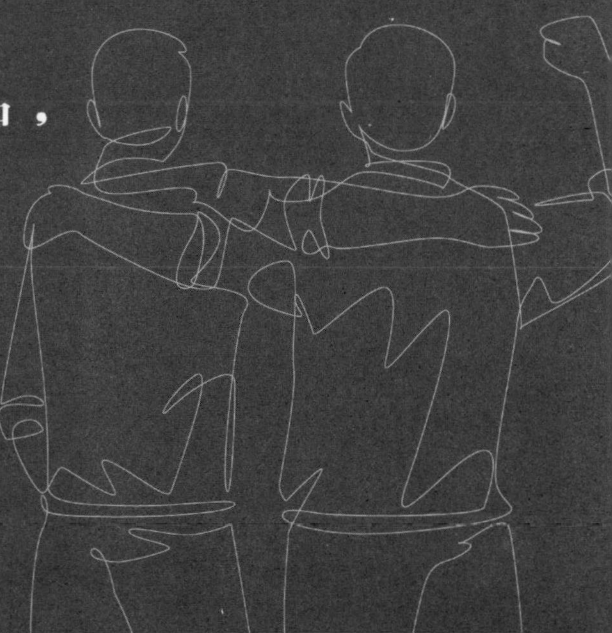

前言

誰最想結識陌生人？

面對一個陌生的面孔，想要使對方答應自己的辦事要求，首先要與對方拉近關係，並且建立好關係。如果能和陌生人快速成為朋友，那麼辦起事來，許多問題便可迎刃而解。

其實，與陌生人成為朋友並不像想像中的那麼難，關鍵在於如何找到突破口。這是一門藝術，它集心理學、口才學、禮儀學、自我推銷法等諸多知識於一身，已經成為各行各業成功人士不可或缺的能力。

跋涉在人情交際的荒漠上悲觀絕望時，快速結交陌生人這門藝術，就可以成為你賴以生存的飲水井。

如果你是一個馳騁生意場的人

商場就是戰場，一個優秀的軍隊統帥，一定是一個善於結交他人、合理利用對方優點的人，這樣才能夠使自己的部下始終如一地圍繞在自己身邊，在戰爭需要的時候，才能夠讓他們用盡全力奮鬥到底。

一個人即使是天才，也不可能樣樣精通。所以，要成就自己的事業，就必須學會編織人脈，利用別人的智慧、能力和才幹。在一個人開拓自己事業時，總會遇到自己難以逾越的困難，這時，良好的人際關係就會助你一臂之力，為你掃清障礙，先交朋友，再做生意無疑是一條十分有效的途徑。

「多個朋友多條路，多個敵人多堵牆」，「不論做哪一行，都要先交朋友，再做生意，先賺人氣再賺信譽」。這已經成為無數生意人的切身體驗和最寶貴的心得。一個善於結交朋友的人，不僅到處受到歡迎，而且遇事有人幫，比常人更多幾分制勝的把握。

任何人在成為你的朋友之前都是陌生人，因此如何把陌生人變成你的朋友是一門學問。會交朋友的人能夠洞察對方心理，對不同的人說不同的話，遇到什麼樣的人就採取什麼樣的方法，只要需要，他能使每一個陌生人都成為自己的朋友。當他做生意時，自然也就左右逢源、財源滾滾。

如果你的生意正處於徘徊階段，開拓你的人際關係、多結交一些朋友，將為你的事業帶來意想不到的幫助。

如果你想實現自己的事業夢想

自古官場無平地，這裡面充斥著適者生存、優勝劣汰、成王敗寇等種種讓人又愛又恨的手段與法則。正所謂無所不用其極，在這樣險惡的環境中生存發展是很艱難的。

俗話說，「一個好漢三個幫，一個籬笆三個樁」。想要在官場實現自己的事業夢想，一展身手，沒有朋友幫忙是不可能的。雖然官場魚龍混雜，但是也要相信，正直善良的人畢竟是多數，能夠結交到這些人，無疑會給你帶來莫大的幫助。

美國前總統富蘭克林・羅斯福的朋友遍布天下，他跟任何一位陌生人交談，不管是牧童還是教授，不管是經理還是政客，他都能用三言兩語贏得對方的好感。秘訣就是：羅斯福在接見來訪者的前一晚，必花一定時間瞭解來訪者的基本情況，特別是來訪者最感興趣的題目。這樣，一交談就可以有的放矢。不然，縱使有三寸不爛之舌，也只能是對「牛」彈琴了。

所以不用多想，為了你的前途，你必須要學會與陌生人迅速成為好朋友的方法。如果你想結交到坦誠相待、肝膽相照的朋友，首先你自己就要做一個這樣的人，人與人之間的關係是相互的，有付出才有回報。結交朋友要真誠而自然，不要抱有任何目的。要知道，朋友是用來交心的，不是拿來利用的。

如果你想成為一個獲得高額傭金的業務員

與陌生人一見如故，這是作為一個業務人員成功交際的理想境界。無論是誰，如果具有跟大多數初交者一見如故的能耐，他就會朋友遍天下，做事就會左右逢源；反之，如果缺乏跟初交者打交道的勇氣，不善於跟陌生人交談，他就會在銷售工作中處處受阻，事業也就難以成功。當今正處在開放時代，對大多數人來說，如果交際面越來越廣，銷售管道就會越來越多，銷售業績就會越來越好。

想要獲得客戶，首先必須找到準客戶。準客戶在哪裡？你所見的每個人都是你的客戶——不管是在街上與你擦身而過的，還是在門邊與你攀談的。一個能力優秀的業務員能夠把每一個見到的人轉變成準客戶，再把準客戶變成實際的客戶。那些平庸者妄圖立刻找到真正的客戶，結果兩手空空。

與陌生人結交，你就要與他們建立良好的人際關係，不要想著一開始就可以把產品賣給他們；你應該把他們當作朋友來對待，讓他們感覺到你非常好的人品，不用你說他們就會自動買你的產品，並向其他人推薦！

還要注意，把精力放在銷售上是沒錯的，但是如果認為錢貨兩清後交易就完成了，該尋覓下一位客戶了，那你永遠都是種一粒種子結一個瓜。聰明的業務員懂得和客戶建立起長久穩定的互利互惠的關係，在客戶中形成良好的口碑，即讓客戶給你拉客戶。這樣，你的客戶群就會成幾何地快速增長。

俗話說得好，「多個朋友多條路，多個敵人多堵牆」。本書專門為上述幾種人所寫，著重講述如何在較短的時間內和陌生人成為朋友，進而為自己打通更多走向成功的道路。

本書以生活中的常見事例為引導，再加以恰當的評價，使你能在輕鬆閱讀的時候領略到深刻的道理。

你能回答這些問題嗎？

一、想與一個陌生人結交，細心的觀察必不可少。如果進入陌生人的家裡，看到牆壁上掛著國畫和幾樣樂器，你怎樣去判斷主人的興趣愛好？

二、春秋時期齊桓公與管仲商討伐莒國，很奇怪的是，計畫尚未發布卻已舉國皆知了，為什麼會出現這種現象？

三、一個人說話時故意清了清嗓子，請問他這樣做的目的何在？

四、表現「支配欲望強，不喜歡受約束，為人比較慷慨，哥們義氣重」這個性格特點的行為是什麼？

（一）如果一個陌生人很喜歡釣魚，你要做些什麼準備？

（二）個人愛好反映出你的品味，列出五個有品味的個人愛好。

（三）分別說一下，什麼樣的走姿、站姿、坐姿最好看，而且能給別人留下美好印象。

（四）在面對陌生人時，得體的眼神，應該是什麼樣的？

五、原一平二十五歲當實習業務員時，又小又瘦，橫看豎看，實在缺乏吸引力，可以說是先天不足。然而，就是這個人卻成為日本保險業連續十五年全國業績第一的「推銷之神」。原一平成功的秘訣在哪裡？

六、心理學家發現，在人們的溝通交流中，非語言的資訊交流佔有相當高的比例，在你留給別人的印象分數中，非語言資訊包括你的穿衣、舉止、長相、面部表情等，它們佔的百分數分別是以下哪個？

（一）二〇％　（二）五〇％　（三）七八％　（四）九三％

七、在接受對方的名片時，需要注意哪些禮儀？

八、富蘭克林・羅斯福是美國一位受人愛戴的偉大總統，當他將要參加總統競選的時候，他是如何結識各種各樣的人的？

九、為什麼我們會信任那些優秀的電視節目主持人？

十、在西方，公司對電話員的訓練，為了讓他們的聲音放射出熱情和興趣，為了讓別人感到他們的溫暖，在打電話時，應該如何做？

（一）用沙啞的聲音講話　　（二）先對自己微笑

（三）用有力的聲音講話　（四）快速講話

十一、在與陌生人交談時，我們要會用交際語，如「謝謝」、「對不起」、「下次再見」等。到現在，我們還時常使用一些古代傳下來的交際語，你能說出五個嗎？

十二、許多人都有自己的口頭禪，如果對方的口頭禪是「可能是吧、或許是吧、大概是吧」，這代表他是一個怎樣的人？

十三、你能分清恭維與奉承的區別嗎？

十四、說一下你交的朋友有哪些是透過自己努力認識的？哪些是透過熟人介紹的？哪些是對方主動結識你的？

十五、俗話說，「害人之心不可有，防人之心不可無。」一個人說話時指手畫腳，喋喋不休，這樣的人我們應該提防他什麼？

目錄

前言
你能回答這些問題嗎？

第一章
開始——用最短的時間，走進陌生人的內心

第二章 繼續——真誠而自然地溝通

第三章

結束——加深印象，創造下次接洽機會

第四章

亮出自己——瞬間打動人心的開場白

第七章 觸動內心——掌握打動人心的溝通方式

第八章 順水推舟——善加利用中間人

第九章 隱藏自我——給對方表現的機會

第十章 製造心動——讓別人喜歡我們的六種方法

第十一章 顯示人格——如何使別人信任你？

第一章

開始——用最短的時間，走進陌生人的內心

結交陌生人，最難掌握的就是一開始的十幾秒鐘，因此需要有一定的方法才能夠達到效果。如提前做好準備，再輔以熱情的態度、誠摯的微笑，自信地向對方走去。做到這些，相信對方早已感受到你的誠意，解除了對你的戒備心理，接下來要做的就是如何交談了。

● 與陌生人交往，不僅可以使你認識新朋友，更重要的是，可以提高自己的能力、增強自信心。

● 結交陌生人時，做一些瞭解是必不可少的，耳聽眼看，根據瞭解的情況決定可以接近的對象，同時要有相應的表情和行動，讓對方感覺到你交友的願望，進而相信你的誠意。

● 一個人的個人形象會影響到別人對自己的看法，這在交際中非常重要。有六個細節值得注意：濕潤亮澤的髮式；精緻幽雅的唇色；簡潔而洗練的領口；表現個人風格的著裝；流線型的黑亮皮鞋。

● 想要探知一個人的心理，可以從語言、行為、服裝、髮式、面相、飾品等方面有所表現，只要你不是一個非常粗心的人，對陌生人多看幾眼，就會發現一些他的秘密。

● 禮節要舉動自然才顯得高貴。假如表面上過於做作，那就丟失了應有的價值。

● 微笑不花費什麼，卻可以贏得一切。讓我們用這世界上最簡單、最美麗的語言贏得他人的信任，給工作注入活力，給同伴帶來歡樂……

● 和說一百句話相比，用力握手一次，更能一口氣拉近彼此的親密度。它可以發揮縮短與對方相隔距離的最大效果。

● 使用名片介紹自己的時候比較方便，尤其是職務；使用名片給人的印象深刻，不怕因工作忙、事務多而忘了對方，隨時可以進行通信，還能達到不斷介紹、推銷自己的作用。

- 說話要有針對性，要看時機，要看場合，要看對象——因時而化，因地制宜，因人而異。
- 談到由肢體表達出的資訊時，我們自然會想到很多慣用動作的含義。諸如鼓掌表示興奮，頓足代表生氣，搓手表示焦慮，垂頭代表沮喪，攤手表示無奈，捶胸代表痛苦。
- 為什麼我們會信任那些優秀的電視節目主持人？原因之一就是他們準確清晰、端莊悅耳的聲音，他們的聲音具有使聽眾不會輕易轉移注意力的特質。這些主持人並不一定天生就有一副好嗓子，可能是經過長時間的練習才提高了音質和音色。
- 朋友！請記住一句話：無論你是什麼樣的人，無論你處在什麼樣的溝通環境中，你都應該以開放的、低調的、謙虛的心態去面對。把對方放在第一位，避免談論一些對方難以接受的話題。
- 「再見」兩個字誰都會說，但是如何巧妙結束談話，並且讓對方記住我們，這才是藝術。
- 即使我們留給對方的第一印象不錯，也請謹記一點，最後印象和第一印象同樣重要！

世界上沒有陌生人，只有尚未認識的朋友

張皓是一家貿易公司的總經理，因為要與另一家公司開始合作，所以他開車帶著助手小王去商談合作的事宜。

此時正是上班尖峰期，路上的車特別多，不可避免地，他們遭遇了堵車，眼看著離會面的時間越來越近，兩人急得像熱鍋上的螞蟻。

真應了那句話：忙中出錯。張皓在急於搶時間的時候，車啟動得稍快了一些，碰到了前面的車。不過，前面的車主好像還不知道情況，並沒有從車上下來。張皓趕緊熄了火，打算下車跟對方說一下。這時，小王一把拉住了他：「張總，我們還是不要多事了，你沒有看見嗎？那個人還不知道我們碰到了他的車，乾脆我們也裝作不知道就行了。萬一他是個難纏的人纏著我們不放，不光耽誤時間，還會給自己找麻煩的。」

張皓笑了一下：「小王，不能裝作不知道，有了過錯就要承擔後果。反正現在正堵車，我

下車跟他解釋一下。」

「張總，真是拿你沒辦法。還是我們一起下車，我給你助威，讓他不敢造次。」

張皓只擺了擺手，自己下車來到前面的車子前，敲了敲窗玻璃。窗玻璃搖下後，露出了一張年輕的臉。「這位朋友，不好意思，剛才我啟動車的時候可能碰到了你的車，你要不要下來看一下。」

年輕人打量了張皓幾眼，確定張皓不像在說謊，就打開車門下來了。兩個人來到車後仔細地查看了一番，還好，沒什麼大問題，保險桿擦出了一些擦痕。年輕人沒說什麼，張皓掏出了名片遞上去說：「因為時間緊迫，來不及商量賠償的事，這是我的名片，我們可不可以另外找時間商談？」

年輕人看了下名片說：「沒關係，這點小問題不用賠償。都是堵車惹的禍。」

張皓說：「可不是嗎，如果不是堵車，我也就不這麼急著趕路了。」就這樣兩個人你一句我一句聊上了堵車的話題，而且越聊越起勁。

最後，張皓說：「看你這麼豁達，這樣吧，改天我請你喝茶，能不能告訴我你的聯絡方式？」年輕人也給了張皓一張名片。

回到了車上後，小王見張皓不僅沒有剛才焦慮的神情，反而還笑瞇瞇的。「張總，你沒事吧？這都快到會談的時間了你還笑？」

「小王，不用擔心。你知道那個年輕人是誰？他就是要跟我們會談的人！」

是不是有些吃驚，世界怎麼這麼小？事情怎麼這麼巧？沒錯，世界就是這麼小，而事情就是這麼巧了。因為，這個世界上根本沒有陌生人，說陌生是因為我們還沒有認識他，也就是說，陌生人只不過是我們一個潛在的朋友。

今天，我們的生活、工作、娛樂乃至所有的一切，都受到從未謀面的陌生人的影響甚至支配；我們吃下陌生人加工的食品，為身體提供能量；我們在網路上，搜索著陌生人傳播的資訊。我們身處的世界，正越來越從傳統熟人社會走向「陌生人社會」，家庭的小型化，資訊時代的到來，使得社會交往日漸擴大，讓我們的生活和陌生人產生著千絲萬縷的關係。

一個人想要成功，就要拓展自己人際交往的寬度，擴大自己的視野和圈子，即拓展自己的人脈，給自己的生命注入更多養分。一些成功人士說，在一些人生轉捩點上，給你帶來機緣和幫助的常常並不是你的熟人，而是結識不久的新朋友，這一點也不奇怪。

我們與熟人的交集早已確定，很難超越固有的生活軌道。我們與陌生人來自兩個不同的空間，交集越小，差別越大，這樣就更容易碰撞出火花。

面對陌生人，一般人的反應都是好奇和提防，尤其是提防。但是最近，國外心理學家指

用最短的時間，
走進陌生人的內心！

出，和陌生人說話有三大好處：可以表現和加強一個人的自信；能表現個性，有助於人格發展；和陌生人交談，更能鍛鍊口才和人際溝通能力。所以，不要猶豫了，趕快把陌生人變成你的朋友吧！

跟陌生人交朋友的時候，讓對方感受你的誠意

李小琳從學校畢業後找了個工作——推銷保險，不知道是因為新手的緣故還是她還沒有掌握推銷的方法，一個月過去了，她一張單子也沒簽過。

看著李小琳整天無精打采的樣子，她的好姐妹玲玲決定幫她一下。於是，玲玲就叫上李小琳和自己的幾個朋友一起去KTV唱歌，並順便把這幾個朋友介紹給李小琳。

到了KTV後，還沒等玲玲說話，李小琳就說：「你明知道我五音不全，幹嗎還拉我到這裡啊？」「玩玩嘛，我看你這幾天挺悶的，介紹幾個朋友給你認識。」

李小琳很不情願，但礙於朋友的面子，就隨便地跟那幾個人打了一下招呼。

在別人唱歌的時候，李小琳一直坐在沙發上喝水。

從KTV出來後，玲玲還想再到別的地方玩一會，但是她那幾個朋友卻紛紛藉口走開了。

人都是有感覺的，李小琳的行為態度已經把她的「不情願」寫在了臉上，誰還看不出來？

而且每個人都是有自尊的，誰願意拿自己的熱臉去貼別人的冷屁股？

在一些社交場合，我們常常看到兩個人親切交談的情景，雙方臉上洋溢著笑容，儼然一對久未謀面的老朋友。但是一上去打聽，才知道他們剛剛認識不過幾分鐘。為什麼陌生人見面才幾分鐘就交上朋友了？看看他們是怎麼做的，你就明白為什麼了。

在寬敞的大廳裡，人們三三兩兩地聚在一起，有的仔細品味著杯中的美酒，有的在小聲地跟同伴說話。這時，一位穿著得體的先生走了進來，他微微笑著，向每個人點頭致意。當他看到大廳的一角有個高個子的人正與同伴愉快地交談時，他仔細地打量了一下那幾個人，然後輕輕地走到那幾個人的身邊，當聽到他們交談的內容時，這位先生眼睛亮了一下，臉上顯出很興奮的樣子，對著幾位禮貌地點頭致意。那個高個子的人顯然也注意到了這位先生，馬上站直了身體，眼睛注視著這位先生。這位先生向高個子的人伸出了手，同時嘴裡說著「你好……」隨著兩隻大手握在一起，一段愉快的交談開始了。

許多人在與老朋友交談時感到自然協調，面對陌生人時卻顯得很拘謹，為什麼？很簡單，因為老朋友都相互瞭解，彼此之間沒有距離，但是對陌生人卻一無所知，特別是進入一個充滿陌生人的群體時，有些人甚至懷有不自在和恐懼的心理。因此，如果你想把陌生人變成老朋友，首先要在心目中建立一種樂於與人交朋友的願望，心裡有這種要求，你才能有這樣的表情，才能有這樣的行動。以上那位先生開始時注意到了高個子的人，觀察了一下之後心裡有初步的判斷，於是向他們走去。然後又傾聽了他們的談話，瞭解到他們的話題，這樣臉上才有了興奮的表情，才有結交那幾個人的行動。顯然，這位先生的表情和行動已經感染了那位高個子的人，引起了他的注意，雙方的交談就是很自然的事了。

面對一個很想認識的陌生人，你需要怎麼做？

那就是：開放的肢體語言，你要微笑，打招呼，握手，眼神接觸，點頭示意。總之，要讓對方覺得，你是一個想與他交談的人；並且是一個很友好善良的人。

良好的形象，會讓陌生人對你產生好感

一九六〇年的總統大選是美國歷史上迄今為止最為勢均力敵的一場競爭。當時任副總統的尼克森和參議員甘迺迪競選美國第三十五屆總統。兩人殺得難解難分，不分高低。忽而尼克森領先幾個百分點，忽而甘迺迪又超出幾個百分點。

當時，這兩個人的名望和才能大體相當，棋逢對手。但大多數評論員預料，尼克森素以經驗豐富的「電視演員」著稱，可以擊敗比他缺乏電視演講經驗的甘迺迪。

但是，甘迺迪可不想坐以待斃，他派出了二十萬名志工到五十個州的產業工人區和少數民族區進行選民登記運動。倒楣的尼克森身體卻受了傷，而且還被感染，在九月九日前關鍵的兩個星期裡只能躺在醫院的病床上。

競選活動的主要交鋒是從九月二十六日到十月二十一日的四次全國電視辯論。第一次最為重要，這是美國有史以來總統競選中的第一次電視辯論，觀眾多達七千萬人，對選舉結果有了決定性作用。

艾森豪曾經勸尼克森不要與甘迺迪在電視上辯論，但是尼克森對自己的「電視演員」經歷頗為自信。他把艾森豪的告誡當成了耳邊風，也沒有聽從電視導演的規勸對自己的形象做一番設計。

甘迺迪卻不同，他不光事先進行了練習和彩排，還專門跑到海灘曬太陽，養精蓄銳。結果，他在螢幕上出現時，精神煥發，滿面紅光，揮灑自如。尼克森因為頻頻參加活動，因此十分勞累，更失策的是面部化妝用了深色的粉，因而在螢幕上顯得精神疲憊，表情痛苦，聲嘶力竭。正是儀容儀表上的差異和對比，才讓甘迺迪取勝，使競選的結果出人意料。

在人際交往中，人們發自內心的好惡親疏，往往是根據見面之初對儀容的基本印象「有感而發」的，這種對他人儀容的觀感除了先入為主之外，在一般情況下還往往一成不變，其作用可謂大矣。

日本松下產業電器產業株式會社創始人松下幸之助一次到銀座的一家理髮廳去理髮。理髮師對他說：「你毫不重視自己的容貌修飾，就好像把產品弄髒一樣，你作為公司代表都如此，產品還會有銷路嗎？」一席話說得他無言以對，以後他接受理髮師的建議，十分注意自己的儀表，並且不惜破費到東京理髮。

科學研究結果顯示，個人感受到的對方儀表的魅力與希望再次與之見面的相關係數遠遠高於個性、興趣等同等的相關係數。

在與陌生人結交的過程中，人的外表形象往往會達到潛移默化的奧妙作用。端莊、美好、整潔的儀表，能使對方產生好感，進而有益於社交活動的進行。

因此，注重儀表，塑造出自己最佳的形象是每個人必須認真做到的。整體來說，塑造良好的個人形象應該做到以下幾個方面。

保持儀表整潔

要求儀表儀容整潔、乾淨，面容、頭髮、脖頸、耳朵、手、服飾等方面都要照顧到。特別是面容，它是一個人最明顯的代表部分，面容是否潔淨，皮膚是否保養得當，看起來是有生氣，還是灰暗、死氣沉沉，都直接關係到他人對你的印象。一個有教養的人絕不是那種不修邊幅、蓬頭垢面的人。

所以，面容應該潤澤、光潔，耳朵、脖頸應當乾乾淨淨。頭髮要鬆軟亮澤、髮型整齊，肩背上不要有頭皮屑。手也很重要，一個儀表風度不凡的人，絕不會長著又黑又長的指甲。一般來說，男性不宜留長指甲，女性如果留長指甲，一定要修剪整齊，並保持潔淨。

身上無異味

身體的異味是令人反感的。首先要注意口腔衛生，不要有口臭。與人交談時，如果口中散發出難聞的氣味，會使對方很不愉快，自己也很難堪，即使自己的形象多麼美好都會大打折扣。

因此，有口臭時要查明原因及早治療，同時要早晚刷牙，飯後漱口，多喝水，多吃清淡食物。如果吃了味道強烈的食物，最簡單的方法就是嚼口香糖，但要注意，在別人面前大嚼口香糖是不禮貌的行為。

如果有狐臭或腳臭，應該及時治療或使用藥水，經常洗澡、洗腳，勤換內衣。

服飾乾淨整齊

服飾穿戴在任何情況下都要保持乾淨整齊。注意衣領袖口或其他地方有無污漬。服裝應該是平整無褶皺的，扣子齊全，不能有開線的地方。內衣、外衣勤洗勤換。皮鞋應該保持鞋面光亮。男性盡量少戴飾品，女士即使戴飾品也要顯得簡潔大方。

善於觀察，迅速做出初步判斷

漢武帝劉徹（前一五七年～前八七年）是漢朝的第五代皇帝。七歲時被冊立為太子，十六歲登基，在位五十四年，建立了漢朝最輝煌的功業之一。他的雄才大略、文治武功使漢朝成為當時世界上最強大的國家，他也是中國歷史上一位偉大的皇帝。這樣一位出色的皇帝，也必然有不同於一般人的品貌。

且說在長安城外有一個小村莊，村莊裡有一戶人家，住著老兩口，他們膝下無兒無女，靠幾畝山地過著艱苦的日子。

有一天，太陽已經下山了，老兩口吃完了飯準備熄燈休息，這時，忽聽門外有人馬的喧嘩聲，老頭就出門看個究竟。這一看不要緊，差點沒把老頭的膽嚇破。只見門外塵土飛揚，一群人騎在高頭大馬上，有的拿著棍棒，有的背著弓箭。老頭料到來者不善，以為他們是盜匪，於是不敢怠慢，趕緊打拱施禮，叫老伴出來請那些人到屋裡休息，小心翼翼地侍候著。

等到那些人歇下後，老頭子跟老太婆商量，想去招呼集結其他村民來攻打這群「不速之客」。老太婆急忙止住老頭子，說：「我看那領頭的人氣度不凡，容貌之間有種頂天立地、不為事勢所屈服的氣概。這不應該是普通人的容貌，根本不是一般盜賊所能比的。他們肯定不會加害我們，只要我們小心伺候就會沒事的。」

其實，這幫人不是別人，正是漢武帝和他的一些大臣及護衛。因為漢武帝非常喜歡打獵，有時是群臣一起去，盛況浩大，有時則是輕服便裝，只帶小隊人馬。這一次他只帶了幾個人出去打獵，因為天氣已晚，所以在這個村子借宿。

雖然漢武帝就寢了，但他的護衛都沒睡，老太婆的話被一個護衛聽到了，他趕緊報告給漢武帝，說這個老太婆不簡單，看出了一些問題，請示漢武帝是不是把這兩個人抓起來或殺掉。漢武帝擺了擺手，照舊安息。

第二天早起，漢武帝一行人告辭了。一夜無事，老頭子心中稍安。不過數日，朝廷下旨，不光給了兩個老人很多賞賜，還封了老太婆一個官做。

真是多虧了老太婆的眼力獨到，看出了這些人不是一般的人。如果像老頭子那樣把他們當成強盜，相信他們不光沒有賞賜和封官，恐怕他們的性命都會有危險。由此可見，善於觀察對一個人來說是多麼重要。

想與一個陌生人結交，細心的觀察更是必不可少。很多人在陌生人面前碰了釘子或者無所作為，很多時候是因為對人的觀察不夠，進而瞭解就很單一，因此也就不懂得根據對方的一些資訊來調整自己的語言和行為。不懂得觀察也就不能讀懂對方的心理，也就不會做出順應對方的行為並爭取對方的好感。

很多人還有一個錯誤的觀念，認為觀察別人、體察他人的心理是「猜測他人」，是件不光彩的事。這其實是一種托詞，古今中外的很多偉人大都是觀察別人、體察對方心理的行家。

至於如何觀察，我們以到一個陌生人家去拜會為例：如果有條件，首先應當對拜會的客人做些瞭解，探知對方一些情況，關於他的興趣、性格之類。當你走進陌生人住所時，你可憑藉你的觀察力看看牆上掛的是什麼：國畫、攝影作品、樂器……都可以推斷主人的興趣，甚至室內某些物品都會牽引出一段故事。如果你把它當作一條線索，不就可以由淺入深地瞭解主人心靈的某個側面嗎？當你抓住一些線索後，就不難找到開場白。

如果你不是要見一個陌生人，而是參加一個充滿陌生人的聚會，觀察也是必不可少的。你不妨先坐一旁，耳聽眼看，根據瞭解的情況，決定你可以接近的對象，一旦選定，不妨走上前去向他做自我介紹，特別對那些與你一樣，在聚會中沒有熟人的陌生者，你的主動是會受到歡迎的。

瞭解對方心理，做到胸有成竹

齊桓公與管仲商討伐莒國，很奇怪的是，計畫尚未發布卻已舉國皆知了。桓公問管仲是怎麼回事。管仲說：「國內必定有聖人。」桓公若有所思地說：「白天工作的役夫中，有一位拿著木杵而向上看的，你說的可能就是此人。」於是命令役夫再回來工作，而且不可找人頂替。

不久，那個役夫被帶到了桓公面前，桓公問：「是你說我國要討伐莒國的嗎？」役夫回答：「是的。」桓公說：「我們並沒有說要討伐莒國，你為什麼說我國要討伐莒國？」役夫回答：「君子善於策謀，小人善於臆測，這是小民私自猜測的。」

桓公暗暗吃驚，又問：「你憑什麼猜測的？」役夫回答：「小民聽說君子有三種面色：悠然喜樂的時候，是享受音樂的臉色；憂愁清靜的時候，是有喪事的面色；生氣充沛的時候，是將用兵的面色。前些日子臣下望見君王站在台上，生氣充沛，這就是將用兵的面色。君王歎息而下，欷噓不已，所說的都與莒國有關。君王所指的也是莒國的方位。因此小民猜測，尚未歸順的小諸侯唯有莒國，所以我說出將要討伐莒國的話。」

桓公聽了這個役夫的分析，十分佩服他的觀色識人之術。

透過談話，桓公得知這個役夫叫東郭垂，於是齊桓公把他招到身邊，委以重任。東郭垂也不負桓公所望，為齊國的稱霸大業立下了不朽功績。

東郭垂確實不簡單，僅僅透過齊桓公的面色就判斷出了他要做什麼事。其實，他只是根據自己的所知瞭解桓公的心理，所以才能得知桓公要做什麼，可見，瞭解一個人的心理對我們認識陌生人是很有幫助的。這種瞭解別人心理的能力我們也能夠掌握。以下，我們就具體介紹如何對一個人進行有效的瞭解。

透過語言洞察人心

一個人的言語在一定程度上反映一個人的一些實際情況。但如果不善於分析別人的言論也就無法看清對方的內心。在現實生活中，有人常常是欲言又止、吞吞吐吐，此時他內心的心理密碼已經洩露了他的真實動機，以下是一些人語態中帶出的細節：

■ 一些人在講話之前先清喉嚨多是由於緊張或不安，說話時也不斷清喉嚨、改變聲調，可能還有某種焦慮。還有一種情況是清嗓子表示他對一些問題做不出準確的判斷，遲疑不決，需要繼續思考。這種行為男人比女人多，成人比兒童多。

■故意清喉嚨是對別人的警告，表達一種不滿的情緒，意思是說，如果你再不聽我說話，我可對你不客氣了。

■內心不誠實的人，說話支支吾吾，這是心虛的表現。

■內心卑鄙脾氣乖張的人，心懷鬼胎，聲音會陰陽怪氣，非常刺耳。

■有叛逆企圖的人說話時常常有幾分愧色。

■內心漸趨興盛之時，容易有言辭過激之聲。

■內心平靜的人，聲音也會心平氣和。

■心內清順暢達之人，言談中有清亮和平之音。

■誣衊他人的人閃爍其詞，喪失操守的人言談吞吞吐吐，浮躁的人則喋喋不休。

■溫和善良的人話語總是不多，內心柔和平靜的人，說話總是如小橋流水，平柔和緩，極富親和力。

此外，一個人的語言內容也會暴露他的內心機密。

一些人在談話時，見識淺薄、沒有心機的人會很容易把自己的不滿情緒說給別人聽，對於這種人結交他很容易，不用處心積慮。

有些人在和別人談話時經常把話題扯得很遠，或者不斷地變換話題，讓別人覺得莫名其妙，說明這種人有極強的支配欲和自我表現意識。

一個政府官員或一個企業的領導者如果說話時滔滔不絕，不肯讓別人插嘴，說明他擔心大權旁落，也可以說這種人喜歡佔據優勢地位。

一個優秀的人在談話時會很少涉及自己，而是將對方引出來的話題分析、整理，結果不斷地從對方身上吸取許多知識和資訊。在一般情況下，這些人將全部注意力放在傾聽對方的談話上。從性格上說，這一類型的人很想理解別人的心思，而且具有寬容的心態，有真正的君子之風。

透過眼神摸清心理

眼神是心靈之窗，心靈是眼神之源，眼睛是人體中無法掩蓋情感的焦點。所以，眼球的轉動，眼皮的張合，眼珠的轉移速度和方向，眼與頭部動作的配合等，所產生的奇妙複雜的眉目語，都在傳遞資訊，進行交流。

一般認為，目不轉睛地注視對方的人較為誠實，但不一定是自始至終地盯著不放。相反的，視線的移開又會怎樣？一般認為初次見面時，先移開視線的人其性格較為主動。對於初次見面就不集中視線跟你說話的人屬於挑戰型的，應該特別小心應付。

透過觀察別人的視線方向，也可以透視別人的心態。如果面對異性，只望上一眼就故意移開視線的人，大概是由於對對方有強烈的興趣。對異性瞄上一眼之後就閉上眼睛的，是一種「我相信你，不怕你」的身體語言。看異性的時候，不把視線移開，而是閉上眼睛以後再睜眼看一看，如此反覆，就是尊敬與信賴的表現。尤其女性這樣看男性的時候，就可以認為有交往的可能。

此外，眼睛位置移動情況的不同，反映的心態也不同。職位高或有強勢思想的人，視線常常是自上而下的；反之，職位低或弱勢內向的人，視線常常由下而上，而且顯得軟弱無力。

行為習慣暴露人的秘密

一些人在做某些日常動作時，有一些習慣性動作帶有很濃厚的個性色彩，這對我們知人識人具有重要的參考價值，以下我們列舉一些實例以供參考：

■手插褲兜，不時取出來又插進去，這種人的性格比較謹小慎微，凡事三思而後行。在工作中缺乏靈活性，往往用笨方法解決問題，心理承受能力較差，在逆境中更多是垂頭喪氣，怨天尤人。

■自然站立，雙手背在後背，這種人大多在感情上比較急躁，但與人交往時，關係處得比較融洽。其中可能較大的原因是他們很少對別人說「不」。

■經常搖頭或點頭以顯示自己對某事肯定或否定，這種人在社交場合很會表現自己，但很容易引起別人的不滿。他們通常自我意識強烈，工作積極，看準了一件事就努力去做，不達目的誓不甘休。

■與別人交談時吐煙圈的人，習慣於目不轉睛地看著對方，支配欲望強，不喜歡受約束，為人比較慷慨，哥們義氣重。

■喜歡拍打頭部的人，表示對某件事突然有了新的看法，如果說剛才還陷入困境的話，現在則走出了迷霧。如果拍打的是後腦勺，表示這種人很敬業，拍打腦部只是為了放鬆一下自己。時常拍打前額的人一般是直腸子，有什麼說什麼，不怕得罪人。

■與人談話時，只要動嘴就一定會有一個手部動作，比如相互拍打掌心、攤開雙手、擺動手指等，這表示對他說話內容的強調。這種人做事果斷、雷厲風行、自信心強，習慣於把自己在任何場合都塑造成一個領袖人物，性格外向，很有一種男子漢的氣派。

■觸摸頭髮的人，個性突出，性格鮮明，愛恨分明尤其嫉惡如仇。經常做一些冒險的事情，喜歡擠眉弄眼，愛拿人當調侃對象。這些人中有的缺乏內涵，但他們很會處理人際關係。

■抖動腿腳的人，這種人很能自我欣賞，性格較保守，很少考慮別人，凡事從利己主義出發，尤其對妻子的佔有欲特別強烈，但當朋友有困難時經常給朋友提出一些意想不到的建議。

■手摸頸後的人，當他有此動作時要小心，這顯示他出現了惱恨、懊惱等負面情緒。

從小變化看穿人心

在美國有一個婦女，有一天，她突然取出了自己多年的某銀行的所有存款，而幾天之後，這家銀行就倒閉了。很多人不明白，為什麼這位婦女事先知道。這位婦女說，其實她是猜的。有一次在聚會上，她見到這家銀行的總經理，這位老闆服飾講究，連指甲都經過高級美容店精心修整。她立刻感覺到情況不妙，因為一個事業心很強的男人不會花費這麼多精力和錢財來修飾自己。

這位婦女的直覺還真是準啊！有句很流行的話叫「掌握了細節你就掌握了全部」，也是在提示我們，儘管是小小的變化，裡面一定隱藏著使之發生變化的力，在看人上其作用力就是人的內心世界，而使內心世界發生變化的原因，又是生活的現實問題。那個婦女就是學會了這一看人本領，所以她避免了損失。

有利的交談地點，可以打開對方的心境

有利的交談地點是你與陌生人結交的必備要素，任何的交談活動都必須有一個社交地點作為載體，社交地點又無時無刻不在影響你與陌生人是否能成為朋友。

小林是一個汽車銷售員，做事非常有頭腦，他的銷售成績在公司裡始終排在第一位。有一次，另一位銷售員對他說：「你的銷售成績是我們公司的第一名，但是你敢不敢去啃一塊硬骨頭？」「硬骨頭？怎麼說？」「在我們這裡，有一個怪人——專門研究玉米的吳老頭，自己的公司已經很有規模，但是他每天到田裡工作都騎著一輛破自行車。我們幾個同事想賣給他一輛汽車，不過可惜的是，兄弟們忙了好幾天，別說汽車了，連吳老頭的面都沒見著。你有沒有把握賣給他一輛汽車？」

小林還從來沒遇到過這樣的難題，以他的性格當然不會錯過了。回到家裡，他馬上搜集吳老頭的材料，準備第二天就會一會這個怪人。

說吳老頭是怪人還真不假，小林給吳老頭打電話，他通常會掛掉；登門拜訪，他根本不見；小林又托人介紹，他把介紹人也拒之門外。

小林不死心，又詳細地查看了一下吳老頭的資料，終於發現了一個極其重要的線索：吳老頭很喜歡釣魚。

事不宜遲，小林馬上買了一套釣魚的工具，用了兩天的時間進行練習，終於練得有模有樣了，於是他就每天到吳老頭釣魚的地方等他。但是，吳老頭來了之後，小林又假裝視而不見，專心釣自己的魚。開始吳老頭還有點警覺，一連幾天都是這樣，吳老頭就有點好奇了。

小林細心觀察，發現吳老頭不時地就向這邊看一下，明白吳老頭已經對自己感興趣了，於是就上前搭訕，並請教吳老頭關於釣魚的技巧。這一下，吳老頭可打開話匣子了，講得滔滔不絕，小林則聽得津津有味。

才一天，兩個人儼然像是一對老朋友了。後來吳老頭不光買了小林的車，還介紹了很多人給小林認識。

人的情緒跟環境有很大的關係，選擇一個合適的地點能使自己與陌生人都暢所欲言。所謂「合適的地點」可以參照以下幾條。

首先，地點的選擇最好是自己所熟悉的地方，因為人們在自己熟悉的地方與人溝通沒有拘束感，在心情上放鬆，容易取得優勢，並可充分展示和推銷自己。曾經有實驗顯示，與同樣的對象談話，人們在自己的客廳裡會比在別人的客廳裡所表現得更自如流暢，同樣的道理更容易說服對方；反之，改變環境到自己不熟悉的地方，而又恰好是對方所熟悉的，這樣就會引起恐懼不安，進而影響社交的成功。

其次，要選擇「我可以往，彼可以來」的地方，此語出自《孫子兵法》，這種地方被稱為「通形」。即四通八達的地形。要本著與人方便自己方便的原則，同時又有「我得則利，彼得亦利」的結果。

最後，選擇的地點不能讓對方產生屈就感和壓抑感。尤其對方是老人、長者、女士時，應該靈活變通，選擇一些他們較熟悉的地方，而我們肯於前往，更能表現誠意和尊重，這是與陌生人良好溝通的開端。

行為舉止優雅得當，讓對方眼前一亮

可以毫不誇張地說，一個人的行為舉止，就是他展現在別人面前最真實的名片。

如果一個人站著時雙手叉在雙肋，別在身後，或交叉在胸前，就會給人一副氣勢洶洶、吊兒郎當的樣子。坐著時，蹺著「二郎腿」，用手托下巴，掏耳朵、挖鼻孔，身體前仰後磕，左右搖晃等，則給人一副坐立不安的樣子。走路時歪走橫行的走法總被人看不入眼，受到指責。

因此，無論是參加聚會還是到陌生人家裡拜訪，自己的一舉一動都在人家眼裡，因而，平時的舉手投足都要注意，盡量給人一個落落大方、彬彬有禮的良好形象，這是你贏得陌生人好感的一大要素。

法利是一個行為舉止瀟灑大方的人，因此處處受到人們的歡迎。有一次，費拉德菲爾城舉辦「讀書和讀者」聯誼會，當法利先生和其他演講者到餐廳去吃午飯的時候，在走廊遇到了推著餐車的女服務生。那些演講者對這個服務生視若無睹，紛紛繞過餐車走了進去，這位女服務生也沒有任何表示，仍舊推著餐車向前走。這時，法利先生卻向她走了過去，微笑著對她說了聲「嗨，你好，我是詹姆士法利，能告訴我你的名字嗎？很高興認識你。」說著，還把手伸了過去。

顯然，這位女服務生沒有料到法利先生會跟她打招呼，她很驚訝，嘴巴張得大大的。隨即，她意識到是法利先生在跟自己說話，於是，臉上綻開了甜美的微笑，雙手緊緊地握住了法利先生伸過去的手，愉快地回答了法利先生的提問。

他們吃完飯再出來的時候，馬上有許多人圍了上去，紛紛向法利先生問候，大廳裡頓時充滿了歡樂的氣氛。不用問，一定是那個女服務生把自己的經歷向夥伴們說了，所以才有這麼多人問候法利先生。

這是一個成功人士在社交場合中平易近人，營造舒適、自然、輕鬆的氣氛，進而擁有良好人際關係的絕妙例子。

禮貌的舉止行為是一種教養，更是無形的財富，舉止行為的好壞，除了對人身體健康有很大影響外，對人的心理狀況也有一定的折射。從某種意義上說，人們的行為舉止也是一種語言，它是無聲的，但是有時比有聲的言語更富有表現力，是許多有聲的言語無法比擬的。

古人很早就對人的行為舉止做過要求。隨著人類文明的提高，人們對自身行為的認識也日益加深。溫文爾雅、從容大方、彬彬有禮，已經成為現代人的一種文明象徵。

走姿

從禮儀角度講，行走時應步伐穩健、步履自然，給人留下寬容大度、矯健、輕快的感覺。即「走如風」，顯示飄逸的風采。

行走時，步態應該自然輕盈，目視前方，身體挺直，雙肩自然下垂，兩臂擺動協調，膝關節與腳尖正對前進方向。行走的步伐大小適中，自然穩健，節奏與著地的重力一致。與女士同行，男士步子應與女士保持一致。

走相千姿百態，沒有固定模式，或矯健或輕盈，或顯得精神抖擻，或顯得莊重優雅，只要與交際場合協調並表現出自己的個性的步伐，就應該是正確的。

走路時應該注意的事項：雙臂擺動幅度不可太大，約為四十五度，不要左右擺動。應保持身體的挺直，切忌左右搖擺或搖頭晃肩。膝蓋和腳踝都應輕鬆自如，以免渾身僵硬。多人一起行走時，不要排成橫隊，不要勾肩搭背。遇急事可加快步伐，但不可慌張奔跑。

總之，走路要表現自己的風格，給對方留下美好印象。

站姿

古語說「立如松」，即說人的站立姿勢，要像青松一般端直挺拔，這是對男子站立美的要求。對於女性而言，應當「立如芍藥」，即追求亭亭玉立的風貌。

無論男女站立時，都要直立、挺胸、收腹、提臀，把重心落在兩個前腳掌，眼睛平視，雙臂自然下垂或者在體前交叉。站立時要注意克服僵直、呆板，要注意放鬆頸部、肩部，使關節能自由轉動。

兩腿交叉站立的姿勢給人以輕浮之舉，手叉腰間是含有進犯意識的姿勢，也不可雙手插入衣褲中；雙臂交叉抱於胸前，容易給人以囂張的感覺。

坐姿

古云「坐如鐘」，即表現端莊之美。入座要輕穩，腰部要挺直，上身要正直，不要「癱倒在椅子上」。手自然放在膝上或椅子的扶手上，頭平衡，目平視，給人一種從容穩當的風度，需要側坐時，上體與腿同時轉向一側。

切忌不要猛起猛坐，弄得坐椅亂響，造成緊張氣氛。無論何種坐姿，都切忌兩膝分開，兩腳呈八字形，也不要腳跟朝外，呈內八字形。當兩腿交疊而坐時，切忌腳尖朝上露出腳底，晃動足尖、雙腿，顯得目中無人。

表情

一般而言，表情是人內心的思想感情的臉部外化，這種外化是透過面部肌肉的運動來實現的。隨著人內心情感的波動，人的表情會有多種呈現方式，如喜、怒、哀、樂等。但在人際交往中，表情應以喜、樂為主調。

人類的面部表情以笑容和眼神最為豐富，同時給別人傳情達意。

笑容——是一種語言，人的面部表情千變萬化，笑是最常見的。在面對陌生人時，微笑無疑是最富有魅力的。

眼神——眼睛是心靈的窗戶，眼神往往可以表達出聲音難以表達的意義和情感。

在面對陌生人時，得體的眼神，應該是目光正視對方：好似「看而不見」，即把自己的目光放虛一些，好像用迴光環繞對方整個人似的，這樣，對方就可以感受到你的關切之情。

切忌不要死死地盯住對方某一部位，使人尷尬。要糾正不禮貌的目光，如眼神總是朝上、朝下或移向他處，更不能猛然間掃人一眼或上上下下仔細打量。

給對方一個微笑，迅速消除彼此之間的距離

微笑，是一種無聲交流。微笑連接起了陌生人心與心的交流，因此微笑是最能打動人的。

卡內基說：「笑容可以照亮所有看到它的人，像穿過烏雲的太陽，帶給人們溫暖。」

一個剛學會保持微笑的年輕人說：「當我開始堅持對同事微笑時，起初大家非常迷惑、驚異，後來就是欣喜、讚許，兩個月來，我得到的快樂比過去一年中得到的滿足感與成就感還要多。現在，我已養成了微笑的習慣，而且我發現人人都對我微笑，過去冷若冰霜的人，現在也熱情友好起來。」

面對陌生人的時候，有時我們甚至什麼都不用做，只要對著他微笑，就可以在瞬間縮短你和他（她）之間的距離。微笑是有自信心的表現，是對自己的魅力和能力抱有積極的態度。微笑可以表現出溫馨、親切的表情，能給對方留下美好的心理感受，進而形成融洽的交往氣氛。面對不同的場合、不同的情況，如果能用微笑來接納對方，可以反映出你良好的修養和摯誠的

胸懷。

發自內心的微笑，會自然調動人的五官：眼睛略瞇起、有神，眉毛上揚並稍彎，鼻翼張開，臉肌收攏，嘴角上翹，唇不露齒，做到眼到、眉到、鼻到、肌到、嘴到，才會親切可人，打動人心。微笑在於它是含笑於面部，「含」給人以回味、深刻、包容感。

在經濟學家眼裡，微笑是一筆巨大的財富；在心理學家眼裡，微笑是最能說服人的心理武器；在服務行業，微笑是服務人員最正宗的臉譜……

原一平二十五歲當實習推銷員時，又小又瘦，橫看豎看，實在缺乏吸引力，可以說是先天不足。然而，就是這個人卻成為日本保險業連續十五年全國業績第一的「推銷之神」。原一平成功的秘訣在哪裡？是他那「值百萬美金的微笑」。

用微笑來打通陌生人之間的隔閡是原一平用自己的親身體會總結出來的制勝法寶。他在推銷的過程中發現，笑容是傳達愛意給對方的捷徑；笑具有傳染性，笑容可以引起對方笑並使對方愉快；可以輕易地消除二人之間的陌生感甚至隔閡，使對方心扉大開；笑容是建立信賴關係的第一步，它會創造出心靈之友；笑容可以激發工作熱情，創造工作成績；笑容可以消除自己的自卑感，彌補自己的不足；如能將各種笑容擁為己有，瞭若指掌，就可以洞察對方的心靈；笑容能增進健康，增強活動能力。

而且，原一平認為，嬰兒般天真無邪的笑容最具魅力。於是，他就花費了很長時間練習笑，直到他在鏡中看到自己的笑容與嬰兒的相差不多時才甘休。當他帶著這樣的微笑再去推銷保險時，沒有一個人拒絕他。

保持一個微笑的表情、謙和的面孔，是表示自己真誠、守禮的重要途徑，更是有效溝通的橋樑，是人際關係的磁石。

我們也可以像原一平一樣，透過訓練有意識地改變自己。

首先，放鬆面部肌肉，然後使嘴角微微向上翹起，讓嘴唇略呈弧形。最後，在不牽動鼻子、不發出笑聲、不露出牙齒，尤其是不露出牙齦的前提下，輕輕一笑。

其次，對著鏡子練習。使眉、眼、面部肌肉、口形在笑時和諧統一。

再次，閉上眼睛，調動感情，並發揮想像力，或回憶美好的過去或展望美好的未來，使微笑源自內心，有感而發。

最後，按照要求，當眾練習，使微笑規範、自然、大方，克服羞澀和膽怯的心理。也可以請觀眾評議後再對不足進行糾正。

握住對方的手，將熱情傳給對方

握手，是人們在社交場合中司空見慣的禮儀。握手在日常生活中，是一種經常使用的禮節方式，不僅常用在人們見面和告辭時，更可作為一種祝賀、感謝或相互鼓勵的表示。它看似簡單，但卻是與陌生人進行溝通、交流、增進關係的重要手段。

玫琳凱化妝品公司創始人玫琳凱在當推銷員時，有一次，銷售經理召集他們開會。會議結束時，大家都希望與經理握握手。

玫琳凱也非常崇拜這位經理，但由於想跟經理握手的人太多了，玫琳凱排隊等了三個小時，才輪到她與經理見面。

然而，讓玫琳凱失望的是，經理在與她握手時，根本就沒有正眼看玫琳凱一眼，只是去看她身後的隊伍還有多長。玫琳凱看得出經理有一點累。可是，自己也等了三個小時，同樣很累呀！自尊心受到了傷害的玫琳凱暗下決心：如果有那麼一天有人排隊等著與自己握手，自己將把注意力全都集中在對方身上——不管自己多累！

後來，玫琳凱成立了自己的公司，名氣也逐漸大了。她多次站在隊伍的盡頭與數百人握手，常常持續好幾個小時。無論多累，她總是牢記當年自己排那麼長的隊等候與那位銷售經理握手時所受到的冷遇。如有可能，總設法與對方說點親熱話——也許只是一句，如「你的髮型很漂亮」或「你穿的衣服多時尚」。她在與每個人握手時，總是全神貫注，不允許任何事情分散了自己的注意力。

這樣的握手，使數百人都覺得自己是世界上最重要的。她的公司就這樣成為他們心中全世界最重要的公司。

一項新的研究再次支持了關於握手的一貫看法，即，一次有力的握手不論對男人或女人來說都有利於給別人留下深刻印象。研究人員發現，良好的初次印象確實與握手時的各種特點如力量、激情、持續時間、目光交匯和緊握程度等有實質性聯繫。

正因為如此，國外政治家於選舉期間會大量外出與選民握手。比起聆聽冗長尋常的演說，選民通常會將神聖一票投給會和自己握過手的候選人。這種藉由親膚關係的溝通方式，比起利用語言的溝通方式更具影響力。

握手不光是一種禮節。當兩隻不同的手碰在一起，手指稍彎，即握在一起，它會將感情聲速地傳遞給對方。

有一年的聖誕前夕，在美國的一個珠寶店快打烊的時候，從外面進來了一個三十多歲的男子，穿著一套起皺的西裝，領帶也沒有繫。

他在珠寶店裡晃著，一副心不在焉的樣子。終於，他的目光定格在一條鑲有七顆鑽石的手鏈上，要求店員把手鏈拿給他看一看。店員是個小女孩，她遲疑了一下，還是按他的請求拿出了手鏈，遞給了他。

在觀看了一會兒後，男子把手鏈還給了女孩，忙著往外走。女孩小心翼翼地將手鏈放回原處。突然，她看見手鏈上的鑽石只剩下了六顆。她快走了幾步，在珠寶店門口追上了男子，伸出右手微笑著說：「先生，祝你聖誕快樂！」

男子稍微遲疑了一下，也伸出了右手，握住了她的手，笑著說：「謝謝！」說完，轉身走出門外。這時女孩感覺右手心多了個硬硬的小東西，一看竟然是那顆鑽石。

故事到這裡還沒有結束。十年後的一個聖誕前夜，還是在這家珠寶店裡，一位四十多歲的富商握住了珠寶店女老闆的手：「謝謝你，是你給了我自尊，給了我生存的智慧！」這個富商，就是十年前的那個男子；珠寶店女老闆，就是當年的店員。

至此，我們應該明白，面對一個陌生人，你熱情地握住他的手的時候，你和他之間已經開始了一段激動人心的交往旅程。

不過，握手看似簡單，但也要注意一些禮儀。首先，握手的姿勢要優雅，上身應稍稍往前傾，兩足立正，伸出右手，距離對方約一步；四指併攏，拇指張開。離對方太遠或太近都是不雅觀的，尤其不要將對方的手拉近自己的身體區域內，這很容易造成對方的誤解。

握手時必須上下擺動三至七下，而不能左右搖動。當遇到比較熟悉的人或深交時，為達到某種情感的效果，可以伸出雙手行握手禮。

其次，一般情況下，握手時要用右手，這是一項不成文的規定，伸左手顯得不禮貌。

伸出的手應垂直，如果掌心向下握住對方的手，顯示一個人強烈的支配欲，這是無聲地告訴別人，你此時處於高人一等的地位，應該盡量避免這種傲慢無禮的握手方式；相反的，掌心向上與他人握手，則顯示一個人的謙卑與畢恭畢敬。

如果是伸出雙手來接，就更是熱情與恭敬的表現。平等而自然的握手姿態是兩人的手掌都處於垂直狀態，這是最普通，也是最常用的握手方式。

最後，初次見面握手時間不宜過長，以三秒鐘為宜。切忌握住異性的手久久不鬆開，與同性握手的時間也不宜過長，以免對方欲罷不能。

握手時的力度要適當，可握得稍緊些，以示熱情，但不可太用力。男士握女士的手應輕一些，不宜握滿全手，只握其手指部位即可。

虔誠地遞上自己的名片，讓他牢牢記住你

在今天這個社交的社會中，名片可是跟陌生人結交並保持聯繫的重要途徑。當你已經跟一個陌生人微笑、點頭致意、熱情地握手後，遞上自己的精美名片就是水到渠成的事了。名片像一個人的履歷表，遞送名片的同時，也是在告訴對方自己是誰、住在何處及如何聯絡。由此可知，名片是每個人最重要的書面介紹資料。

王志剛大學畢業，在一個小貿易公司做市場推廣的工作。有一次，他去參加一個博覽會，那個博覽會場面很大，有很多人，但是大家多數彼此不認識。

在王志剛坐下的時候，一個人過來了。微笑著點了一下頭，然而掏出了自己的名片遞給了王志剛，說是想認識一下並交換名片。

王志剛並不認識他，自然談不上和他打招呼了，只是禮節性地把自己的名片跟他做了交換。之後，王志剛發現，那個人幾乎與每個人都交換了名片，而且很禮貌地表示：「多聯

絡。」

轉了一圈之後，那個人又來到了王志剛面前，笑了笑說：「你是不是覺得我的做法有點唐突？其實我是個新加坡人，來中國時間不長，需要瞭解更多的人，也需要更多的人瞭解我。作為一個商務人士，我必須適時地推銷自己，而這樣的場合，恰恰是最好的機會，因為這裡的商務人士比較多，我想我這麼做，肯定能讓大家記得我。」

博覽會結束後，王志剛也認識了幾個人，說起那個新加坡人的時候，大家都表示能記住這個人，而且印象特別好。這時，另一個人說了一句話：「他的名片在適合的地方、適合的時間發揮了最好的作用，因為大家沒有反感地記住了他，其實他已經在悄然中把自己推銷出去。」

從這件事上，我們可以學到很多東西，名片在與陌生人的溝通中有很大的作用；掌握交換名片的禮儀很重要。精美的名片使人印象深刻，但發送名片的時機與場合可是一門學問。

若想適時地發送名片，使對方接受並收到最好的效果，必須注意下列事項。

名片的印製

為社交需要印製的名片，自己的職務不應自吹誇大，亂掛不實的頭銜。名片的底色最好是白色，或者清淡一點的顏色為主，對於鮮豔的顏色，如紅色、黑色或彩色等深顏色會給人視覺疲勞的效果；最好是在自己的名片上印個圖示來裝飾名片，否則是登不了大雅之堂的；為了突顯名片上的某些內容，可以適當地予以配色，發揮畫龍點睛的作用；名片上最好不要印產品的圖片，這樣做給人的感覺是突兀，像街頭散發的小廣告；對於經常與外國人交往的人士，最好印一個中文名片供國內客戶交換使用，然後再印一個英文名片供與外國人交換使用，一面英文，一面中文並不是很理想。

名片的放置

名片應該統一置於名片夾、公事包或上衣口袋之內，在辦公室時還可放於名片架或辦公桌內，不可隨便放在錢包、褲袋之內。放置名片的位置要固定。名片夾由於要長久使用，所以盡可能買個質地好的。

名片的交換

發送名片應該選擇初識之際或分別之時，不要在用餐、戲劇、跳舞之時發送名片。奉上名片時態度要謙恭。要起身站立主動走向對方，面含微笑，上體前傾十五度左右，雙手持握名片，舉至胸前，並將名片正面面向對方，同時說聲「這是我的名片，以後多聯絡（或請多關照）」等禮節性用語。千萬不要用左手持握名片。

接受他人名片時，不論有多忙，包括端茶倒水都要暫時放下手中的事情，並起身站立相迎，面含微笑，雙手接過名片。至少也要用右手，而不能使用左手接名片。接過名片後，先向對方致謝，然後至少要用半分鐘的時間將其從頭至尾默讀一遍，遇有顯示對方榮耀的職務、頭銜時，不妨輕讀出聲，以示尊重和敬佩。如果對方的職務比較低微，則不要大聲念出來。

接過別人的名片後，不可隨意擺弄或扔在桌子上，也不要隨便地塞在口袋裡或丟在包裡，而應將其謹慎地置於名片夾、公事包、辦公桌或上衣口袋之內，還要與本人名片分開放置。

名片的索要

對於陌生人，想主動結識對方時，可以向對方索取名片。第一是互換法，可以在遞上名片時表明此意：「可不可以與你交換名片？」第二是暗示法，向尊長索要名片時可以說：「請問今後如何向你請教？」向平輩或晚輩表達此意時可以說：「請問今後怎樣與你聯絡？」

中國人都知道「山不轉人轉」的道理，一方面力求不得罪人，以免冤家路窄；另一方面廣結善緣，以便隨時、隨地可以找到熟人，比較方便辦事。同時，結交各行各業的朋友，不但可以擴大見聞，增長知識，而且能夠隨時請教，不致請問無門。

一個人只知自己奮鬥，而無人賞識，進步會很慢。所以你除了要懂得很多社交的媒介、掌握很多社交原則外，還要多方去嘗試。說不定哪一天你就會碰到賞識你的陌生人，若是真能得到一兩個這樣的人相助，相信你出人頭地的日子就快來臨了。

結交陌生人不能靠憑空想像，要有一定的方法，再輔以實際的行動才能做到。掌握了本章的內容，你已經成功地走出了第一步，接下來，就應該與對方展開心靈的溝通，讓對方牢牢地記住你。

第二章

繼續——真誠而自然地溝通

俗話說：「窗不開不亮，話不說不明。」從陌生人變成朋友，真誠而自然的溝通產生決定性的作用。溝通是需要技巧的，要看清場合再說話，盡快找到雙方最樂於交流的話題，打開對方的心扉。在溝通的過程中，要恰當使用肢體語言，引導對方說話。

看廟拜佛，在什麼場合說什麼話

人與人之間的有效溝通是獲得彼此認同的關鍵，但是必須講究場合。尤其是對於一個剛認識的陌生人，不注意這一點，說一些不適宜場合情境的話，往往讓你之前的一些努力瞬間化為烏有。

場合是指雙方進行溝通時的地點與氣氛。場合有莊重與隨便，自己人與外人，正式與非正式，歡快與悲痛，公開與私下之分。場合是決定雙方溝通效果的重要因素。同樣的話在不同的場合說，所產生的實際效果是不一樣的。在人際交往過程中，那些善於抓住適當場合、時機的人，在與人溝通時往往能夠十分順利地達到自己的目的。審時度勢，因勢利導，在不同的場合使用不同的說話方式，對我們將陌生人變成自己的朋友是大有好處的。

某地發生了一次大地震，地震的破壞力極大，房屋倒塌、殘垣斷壁的現象隨處可見，更可怕的是還造成了幾十條生命的消失。有一家公司捐資救災，派劉明代表公司到當地進行慰問。

到了災區，劉明立刻給災民發放物資。在發放的過程中，一個人引起了他的注意。從對方所穿的衣服上可以看出，他是一個志工。他幹得非常賣力，汗水濕透了衣服也毫不在意。劉明很感動，拿起了一瓶水走到他面前說：「你真是太辛苦了，來，喝口水喘口氣，歇一下。」兩個人直接坐到地上聊了起來。在聊的過程中，劉明得知，對方竟然是一家公司的總經理，把公司的事情全放下到這裡來做志工。劉明很是敬佩，於是就問了他一些關於志工的問題，並說自己也想做志工。對方很熱心，不光做了詳細的說明，還約劉明下次一起來這裡為災民服務。

我們跟一個熟人說話時尚且有所顧忌，何況面對陌生人，我們更是馬虎不得。任何一種言語都是在具體的場合中使用的，並且受場合的影響和制約。修辭學大師陳望道談到修辭的第一原則就是適應語境，而語境的第一要素就是時間和空間組成的運用語言的環境場合。

有一家公司規模頗大，求職者自然是絡繹不絕。小張已經失業兩個月了，有一個朋友介紹他到這家公司去應徵。

憑著自己的優秀表現，小張很快就被這家公司的面試官相中。面試官讓其馬上辦理相關手續。不料，小張在滿心喜悅之餘問了一句實在不應該問的話：「我能否過完節再來上班？」結果，面試官表示他不再被錄用。小張摸不著頭腦，要求給個說法，面試官則回到會議室，不再出來。

隨後不久，小張的手機響了，傳來部門經理的聲音，說他不該多說話，並明確告訴他：「我們公司永遠不會錄用在不恰當的場合說不恰當的話的員工。」

這家公司的做法固然有矯枉過正之嫌，但留給小張的思考是：在不恰當的場合，說一句不恰當的話，也會因此丟掉飯碗！

「到什麼山上唱什麼歌」，不要一開口就說出不適當的話，讓對方反感。總結起來，看清場合說對話要注意以下幾點：

■比較安靜的場合，比如在圖書館。別人在靜靜地看書，你與對方說話時就不要太大聲，否則會影響別人的學習，還容易讓對方誤會你是一個沒有分寸的人。

■私下與公開的場合。人人都有自己的一個小圈子，稱之為自己人。如果你把自己小圈子裡的事情、把你朋友的隱私說給對方聽，對方一定認為你是一個不可靠的人，你這個朋友肯定無法交下去了。

■適合多說話的場合與不宜多說話的場合。倒如，參加朋友的酒會，氣氛應該是歡快的，你就不應該跟對方說一些沉重的話題或是一些影響氣氛的話題；再如參加會議，與剛認識的人說話時盡量小聲，內容也要簡短，有什麼話都要放到會後再說。

■ 喜慶場合與悲痛場合。如果在別人的婚禮上認識了陌生人，跟他交談時就不要說一些不吉利的話；而在悲傷場合更要注意，避免談論正事，也不要說一些玩笑話。否則會給對方留下輕浮的印象。

人總是在一定的時間、一定的地點、一定的條件下生活的，在不同的場合，就應說不同的話，這樣才能收到最理想的溝通效果。不看場合，隨心所欲，信口開河，想到什麼說什麼，這不光是一種「不會說話」的拙劣表現，而且還會給對方留下極壞的印象，甚至直接把對方「嚇跑」。

選擇一個好話題，讓對方敞開心扉

懂得怎樣毫無拘束地與人結識，能使我們擴大朋友的圈子，使生活多姿多彩。然而很多人都害怕和陌生人接觸，「不知道如何開口」、「不知道應該說什麼」，這些都是一般人的通病。例如，在聚會上我們想不到有什麼風趣或是言之有物的話可說；在求職面試時拼命地想給人好印象，卻緊張得結結巴巴不知所云。事實上，無論何時，我們遇到不太熟悉的人時，心裡都會七上八下，不知該怎樣打開話匣子。

有些人在與陌生人進行交往時，會很快找到雙方的話題，並能獲得對方的積極回應，富蘭克林·羅斯福就是這樣一個人，讓我們來看一看他是怎樣做的：

富蘭克林·羅斯福是美國第三十二任總統，一直被視為美國歷史上最偉大的總統之一，是二十世紀美國最受民眾期望和受愛戴的總統，也是美國歷史上唯一連任四屆總統的人，任職長達十二年。他是身殘志堅的代表人，也受到世界人民的尊敬。

一九一一年，羅斯福結束了非洲的考察回到了美國，準備參加第二年的總統競選。很多人都非常看好這位年輕人，因為他是前美國總統希歐多爾・羅斯福的堂弟，又是一位非常有名的律師，知名度很高。

但是，開始時羅斯福不是很順利，雖然很多人都認識他，可是他卻不認識那些人。有一次在宴會上，很多人都跟他打招呼，他也禮節性地回應他們，可是羅斯福發現，那些人儘管跟他打了招呼，但臉上的表情都是很冷漠的，似乎看不出對他有好感的樣子。

必須改變這種不利的局面，羅斯福想出了一個接近自己不認識的人並能與他們搭話的主意。於是，他對坐在自己身旁的陸思瓦特博士悄悄地說：「我很想認識這些人，但又對他們不是很瞭解，你能給我說說他們的大致情況嗎？」陸思瓦特博士對參加宴會的這些人很瞭解，又是羅斯福很要好的朋友，他當然會幫忙了，於是他就把那些人的情況說給了羅斯福。

這樣，羅斯福的心裡就有了底。他熱情地走向他們，根據自己知道的一些情況向他們提出了幾個簡單的問題，從中瞭解到他們的性格、特點、愛好，知道了他們曾從事過什麼職業，做了什麼事情，最得意的是什麼。掌握了這些，羅斯福就有了與他們閒談的資料，並引起他們交談的興趣，在不知不覺中，羅斯福成了他們的新朋友。

事實上，幾乎每個人或多或少都有一些可以和別人分享的趣事。許多人會因為自己與別人的見解不同而羞於表達。但正因為有這種不同，人生才能成為大戲台。如果我們能找到共同的話題，彼此坦誠相待，就可以談得投機。那麼，如何與陌生人找到共同的話題？

首先要留心觀察。從一個人的服飾、舉止、談吐可以看出他的心情，精神狀態和生活習慣。開始談話前首先看對方有何與自己相同之處。例如，他和你一樣都穿了一雙一個品牌的運動鞋，你就可以以運動鞋為話題開始你們的談話。

其次是以話試探。兩個陌生人相對無言，為了打破沉默的局面，首先要開口講話，可以採用自言自語，例如，「這裡人真多啊」、「今天的美酒很特別」、「天氣太熱了」，對方聽到這句話便可能會主動回答將談話進行下去。還可以以動作開場，隨手幫對方做點事，如幫對方拉開門；也可以發現對方口音特點，打開開口交際的局面。

找話題還有一些具體的方法可用，以下向你介紹：

■ **從對方口音找話題**。一個人的口音就是一張有聲名片，能告訴我們他是哪裡人，起碼說明他在哪裡居住過，這時，我們就可以從這種口音本身及其提供的地域引起很多話題。如果碰到自己的同鄉，不用說，雙方的談話很快就可以進入到熱烈的程度。

■ **向對方坦白，說出自己的感受**。最健談的人就是勇於坦白的人。坦白地說出「我不知道該講些什麼」、「我在這裡一個人也不認識」，總比讓自己顯得拘謹冷漠好得多。例如，在一個宴會上可以自言自語：我太容易臉紅了，與這種宴會格格不入。無論如何，將自己的感受向第一個似乎願意聽的人說出來，這個人可能就是你的知音。

■**以對方為話題**。人們往往千方百計地想使別人注意自己，但結果都令人失望，因為他不會關心你、我，他只會關心他自己。因此，以對方作為談話的開端，往往能令他人產生好感。讚美陌生人的一句「你的衣服顏色澤搭配得真好」，能使他快樂而緩和彼此的生疏。

■**直接向對方提出問題**。許多難忘的談話都是由一個問題開始的。例如，可以常常問別人：「你每天的工作情況怎麼樣？」通常對方都會熱心地回答。對比較內向、看來羞怯的人，不妨多發問，幫助他把話題延續。

■**以自己所處的周圍環境為話題**。如果對一個陌生場合感到十分好奇，我們就可以說「這裡的雕塑可真精美啊，不知出自哪位名家之手」，這樣與對方可以展開一段談話。

總之，話題有很多，這就看我們是不是留意了。不要以為陌生人都很難接近，他們也和我們一樣希望認識更多的朋友，有時隨便一個不是很恰當的話題也能引起對方的交談興趣。

用肢體語言拉近彼此的距離

人類學家雷・博威斯特是最初非語言交際——他稱之為「動作學」——的宣導者。他在研究中發現，在一次面對面的交流中，語言所傳遞的訊息量在總訊息量中所佔的比例還不到三五％，剩下的超過六五％的資訊都是透過非語言交流方式完成的。

研究成果還指出，當談判透過電話來進行的時候，那些善辯的人往往會成為最終的贏家，可是如果談判是以面對面交流的形式來進行，情況就大為不同了。因為整體而言，我們在做決定的時候，在見到的情形與聽到的話語中，我們會更傾向於依賴見到的情形。

之所以要告訴大家這個研究結論，就是要提醒大家，在我們與陌生人溝通時，語言的內容固然重要，但也不要忘了要根據對方的言行相應地做出肢體上的回應。

小李結婚十年了，在結婚紀念日將要到來的時候，他打算為妻子準備一份特別的結婚週年紀念禮物。他把目標鎖定在兩個選擇上：一個是最新款的筆記型電腦，另一個是可以掛在餐廳中的一幅畫。

小李到了商場以後，首先來到了電腦區，當時正是上午的中間時段，這裡的人並不多。

小李向櫃檯走過去，一名身穿黑色西裝的銷售員正在點頭微笑。一切進行得還不錯。這名銷售員開始講解各款筆記型電腦的差異。在做講解的時候，這個銷售員抬起右腳，放在了身邊的一個小凳子上，然後他的身體向右腿膝部前傾。

儘管銷售員講解得很詳細，但是小李還是迫不及待地離開了那裡。並不是他對店員的講解不感興趣，只是對方這種抬腿的不雅姿勢與自己的舉止完全不對盤，這讓他感到很不舒服。

商場的另一端是個畫廊，小李在一幅引起他注意的畫前停下來，一副深思的樣子：重心落在一條腿上，胳膊彎曲，但一隻手扶在臉部，一個手指停在了嘴唇邊。過了大概一分鐘，他發現有人靜靜地站在自己身邊，和自己一樣欣賞那幅畫，然後他聽到一個輕柔的聲音簡單地說：「是不是很不錯？」「嗯，不錯。」小李若有所思地回答道。

「如果需要幫助，請告訴我。」他身邊那位女士說。然後，她抽身退到了畫廊的另一端。不到五分鐘，小李就買下了那幅畫。

這讓我們很奇怪，那位銷售員介紹得很詳細，這位女士只是簡單地說了一句話，為什麼小李就決定買下那幅畫？答案是，小李只是看到畫就感到舒服。那位女士悄悄地走到他身邊，使用的是和他一樣的身體語言，形成了相同的姿態。她用完美而毫不費力的同步技巧，天衣無縫地與小李進行交往：五五％身體語言，三八％語調，七％言語。

在觀察中，我們也發現，在與陌生人溝通時，他們逐漸瞭解對方的情況以後，感覺會很自在，以後，他們的身體姿態就會發生一連串變化，充滿戒備意味的雙臂和雙腿互相交叉的姿勢，會逐漸轉向開放自然的姿勢。在任何環境裡，這樣的轉變過程都遵循著完全相同的程序。這個轉變過程是從封閉的身體姿態開始的，也就是雙臂和雙腿都呈交叉的狀態。

兩個人之間的交談變得比較愉快，相互間建立起了和諧友善的關係時，最先發生變化的就是腿部動作。他們不再保持兩腿交叉的姿勢，而是兩腳併攏，形成立正的站姿。

接著，交叉的雙臂中處於上方的那隻手臂會伸出來，而且在說話的時候手掌還會做出一些手勢。儘管這隻伸出的手臂還沒有完全放開，但已經不再是阻擋對方的屏障，此時它不過作為另一隻手的支撐，使整個上半身呈現單臂遮擋於前胸的姿勢。漸漸地，雙臂都放鬆下來，一隻手做著手勢，或是置於臀部，也可能是插在褲子口袋裡。最後，彼此熟知的兩個人都採取稍息的站姿，雙臂自然舒展，顯示出樂於接受對方的態度。

瞭解肢體語言在溝通中的作用以後，我們就知道，在與陌生人交談時，為了更加接近彼此之間的距離，我們應該要怎樣做。

首先是頭部。在對方講話時，我們要適時地點頭。大多數人從來沒有意識到點頭這一動作的威力，事實上，恰當的點頭動作會成為相當具有說服力的工具。研究顯示，如果聆聽者每隔一段時間就向說話人做出點頭的動作——每次做這個動作時點頭次數以三次為宜——就會激發說話人的表達欲望，能夠讓他比平時健談三至四倍。

點頭的動作還具有相當的感染力。如果有人對你點頭，你通常也會向他回報以點頭的動作——即使你並不一定同意這個人所說的話。因此，在建立友善關係、贏得肯定意見與合作態度等方面，點頭的動作無疑是絕佳的手段。

在點頭的同時，我們的臉上應該表現出微微的笑容，眼睛直視對方。

其次是身體。當我們與對方說話或聆聽的時候，上身向前傾，會顯得更有誠意，也更容易拉近你與對方的距離，贏得對方的好感。坐著的時候，就算椅子是硬的，我們靠著椅背，甚至身體滑下去一點，絕對不如坐挺，上身稍向前傾來得好。當我們改變坐姿，很可能自自然然地就博得對方的好感，他會覺得我們很認真而且積極。我們甚至可以把椅子移動一下，連椅子都對著那個人。而且就算你調整椅子，只是做樣子，椅子根本沒動，當你這樣做時，也會給人很有誠意的好感。

穿針引線，讓對方多說話

古人云，言多必失，沉默是金。這句話雖然說得有些絕對，但也提醒我們，跟陌生人溝通時，我們不要說得太多，應該多讓對方說話，我們可以從他的話中多瞭解一些他的資訊，這對我們是絕對有好處的。

小麗到朋友家作客，看到她家還有另一個人，朋友向小麗介紹：「這是我的同事，她出門辦事的時候路過這裡，就上來看我了，你們也認識一下吧！」小麗和對方互相介紹了自己。

這時，朋友要去做飯，屋裡就剩下了兩個人。小麗平時不愛說話，對方可能也沒有什麼好的話題，她們沉默了一會。小麗先開口說了一句話：「你出門辦事還不忘來看看朋友啊？」沒想到就是這樣一句話竟然引起了對方的興趣，她先是述說了與朋友的友誼，後來又說到自己如何善待朋友，這段期間小麗只有不時地插上一兩句。結果，小麗沒說幾句話，對方倒是把自己的情況都說了出來。

在分手的時候，那個人向朋友稱讚小麗是一個通情達理的人。更有意思的是，後來在小麗快把那個人忘了的時候，她們意外地相遇了，那個人看見小麗就親熱地打招呼，像對待一個老朋友似的。

很多人都羨慕別人口齒伶俐、口若懸河、舌燦蓮花，但也不要忘了，這也會導致口乾舌燥、口不擇言、口吐白沫的結果。面對陌生人，你的喋喋不休只能引起他的厭煩：「我跟你又不是很熟，說這麼多廢話幹嘛？」

專家們經過觀察也發現，有些人與人交談時不看對方，只顧滔滔不絕地講個不停。通常對方都會表現出尷尬和不快的情緒。多讓對方說話既能夠避免自己的尷尬，省卻不必要的麻煩，還能得到對方的信任，把我們引為知己。

美國有一家最大的汽車公司要採購一年中所需要的坐墊布。三家有名的廠家已經做好樣品，並且接受汽車公司高級主管的檢驗，然後汽車公司給各廠發出通知，讓各廠的代表做最後一次的競爭。

其中一家工廠的代表史丹利先生來到了汽車公司，他多少有些擔心，因為他正患著嚴重的咽喉炎，雖然他有很多變換建議，但一說話喉嚨就疼得要命，發不出一點聲音，因此即使他有再好的口才，都沒辦法施展了。

高級主管會議開始的時候，另兩個廠家的代表清楚而詳細地介紹他們的產品，史丹利先生知道自己已經沒有希望了。儘管他也站起身來，想努力說話，但只能發出尖銳的聲音。

沒有辦法，史丹利先生只好在筆記本上寫了幾個字：諸位，很抱歉，我嗓子啞了，不能說話。「沒關係，我已經看了你的產品說明，我替你說吧！」汽車公司總經理說。他陳列出史丹利先生帶的樣品，並稱讚它們的優點，於是引起了在座其他人活躍的討論。那位經理在討論中一直替史丹利說話，史丹利先生在會議上只是做出微笑點頭及少數手勢。

結果真的令人驚奇，最後竟然是史丹利先生得到那筆訂單，汽車公司向他訂了五十萬碼的坐墊布，價值一百六十萬美元——這是史丹利先生得到的最大的訂單。

事後，史丹利先生說：「我知道要不是我實在無法說話，我很可能會失去那筆訂單，因為我對於整個過程的考慮也是錯誤的。透過這次經歷，我真的發現，讓他人多說話，有時是多麼有價值。」

在社交場合，自己少說話，把話語權交給對方既是一種禮貌，又是一個策略。侃侃而談不見得給自己增添光彩，更不能說明自己有學問，反而卻容易給對方一個言而不實、賣弄自己的壞印象。

給自己的聲音穿上魔法衣

看到這個標題，也許有人會說，聲音不就是上下嘴唇一碰，從喉嚨裡發出來的東西嗎？有什麼魔力可言？問題當然沒有這麼簡單了。我們經常會聽到有人說：「不用看，聽到他的聲音我就知道這是誰。」「某某的說話聲可真難聽啊，不知道的還以為他在跟誰吵架！」「某某就不同了，那聲音，低沉悅耳，好有磁力哦！」可見，每個人的聲音都有自己的特點，有的好聽有的難聽。因此，同樣一句話，不同的人說出來的效果是不一樣的。

張曉偉有一次到商場買東西，人很多，有點嘈雜。這時他看到商場裡有個促銷活動，一位銷售員正在向顧客做宣傳。銷售員聲音洪亮，說話中氣充足。不過，張曉偉看得出，雖然這位銷售員很賣力，結果卻不甚理想。

這時，張曉偉無意中聽到兩個人在談話，「你買了那個產品了嗎？」「沒買，聽著就有點煩。」「我也是，那個銷售員的講話聲音高得像大喇叭，他累不累呀？」「我都見過他幾次了，每天講話都那麼大聲，他是為了吸引我們的注意力，可是聽了一會兒，我就感到耳朵有點嗡嗡響。」

答案出來了，銷售員想提高自己的聲音引起顧客的注意，結果卻吃力還不討好。像這種用高亢的八度音宣傳，那聲音不是在講，而是在喊，聲音缺乏「樂」。半天下來，銷售員喊累了，顧客也被尖銳刺耳的聲音弄得注意力分散，導致聽覺疲勞，誰還有心情買產品？

語言是人類的交際工具，自然也是我們跟陌生人溝通感情、交流思想的最基本方式。西方溝通專家把聲音稱為「溝通中最強有力的樂器」。優美動聽、抑揚頓挫和富有情感穿透力的語言是人類最美的語言，也是我們打開陌生人心鎖的一把鑰匙。

因此，我們要訓練自己的聲音，讓它美妙動聽，成為我們交際中的一把利器。

■ **發音清晰，段落分明**。發音要標準，字句之間要層次分明。改正咬字不清的缺點，最好的方法就是大聲地朗誦，久而久之就會有效果。

■ **語調要低沉明朗**。明朗、低沉和愉快的語調最吸引人，所以語調偏高的人，應設法練習變為低調，才能說出迷人的感性聲音。

■ **音量的大小要適中**。音量太大，會造成太大的壓迫感，使人反感；音量太小，顯得你信心不足，說服力不強。

■**說話的語速要時快時慢，恰如其分。**遇到感性的場面，當然語速可以加快，如果碰上理性的場面，則相應語速要放慢。

■**懂得在某些時候停頓。**不要太長，也不要太短，停頓有時會引起對方的好奇和逼對方提早下決定。

■**措詞高雅，發音要正確。**學習正確的發音方法，多加練習。

用你的真心，換取他的真情

一個人可以沒有財產，但是不可以沒有朋友。讓陌生人成為我們的朋友，是本書與讀者的共同願望。拿出你的真心，與他坦誠相對，他一定會被感動的。

原一平在事業開始的時候不是很順利，有一個朋友給他介紹了一個人，是一位建築企業的董事長，叫渡邊，朋友說如果成功的話，那個人可是個大客戶。於是原一平就去拜訪渡邊先生。可是渡邊並不願意理會原一平，見面就給他下了逐客令。原一平並沒有退縮，而是問渡邊先生：「渡邊先生，我們的年齡差不多，但是你為什麼能如此成功？你能告訴我嗎？」

原一平提這個問題是出自真心的，所以語氣非常誠懇，臉上表現出來的跟他心裡想的一樣，就是希望向渡邊先生學習到其成功的經驗。面對原一平的求知欲望，渡邊不好意思回絕他。於是，他就請原一平坐在自己座位的對面，把自己的經歷講述給他。沒想到，這一聊就是三個小時，而原一平始終在認真地聽著，並且在適當時候提了一些問題，以示請教。

最後，原一平也沒有提到保險方面的事情，而是對渡邊先生說：「我很想為你做一點事情，可不可以讓我寫一份有關貴建築公司的計畫？」渡邊已經被這位誠心求教的人打動了，自然點頭答應。

原一平為了這份計畫花了不少的心思，忙了幾天幾夜，才把建築公司計畫書做了出來，這份計畫書內容非常豐富，資料詳實，而且建議也非常有價值。

渡邊先生見原一平這樣真誠，很是感動，依照他的這份計畫書，結合實際情況具體操作了起來，結果很令人振奮，公司業績在三個月後就提高了三〇%。渡邊非常高興，把原一平當成了最好的朋友。當然，渡邊的建築公司裡的所有保險，都在原一平那裡下保單了！

我們結交陌生人的目的，無非是把他變成我們的朋友，而交友貴在交心，它講究的不僅僅是表面上的情投意合，而更多的是人生道路和事業上的志同道合。所以，與之交友之人，一定要是真性情，真自我，這樣的人才能與之交心至性，成為知己。

某電台的播音員曾經收到三位年輕聽眾的來信，說他們聽了優美動聽的播音，很想見播音員一面，但知道這不可能，所以希望能得到播音員的照片。播音員理解聽眾的心情，說了一番既動情又恰如其分的話：「三位聽眾朋友，我非常感謝你們的好意，你們也許聽過這句格言

『知人知面難知心』，交朋友最難的是交心。因此，能不能看到我不重要，最希望的是能與你們成為知心朋友！」

可以想像得到，這三位聽眾聽後一定會喜形於色，倍感親切，雖然沒有見過播音員的面，但卻見到了他的真心。

交友還旨在相互尊重，相互理解。正所謂：君子和而不同，小人同而不和。真正的朋友相互理解對方的選擇，各自保持各自的獨立，而偽朋友則是表面上看似一團和氣，而暗地裡卻你爭我鬥。

面對陌生人，我們不要做自欺欺人的事，你對他有沒有拿出真心，對方是很容易體會得到的，千萬不要弄巧成拙，把一個潛在的朋友變成敵人。

掌握必要的交際語，美化你的言辭

在大街上，有時候我們會遇到這樣的事，一個陌生人向你走來，說：「對不起，打擾一下。」這時候，我們可能會說：「哦，沒關係。你有什麼事？」「請問，到火車站怎麼走？」我們的做法通常是熱情地給他做解答，最後那個人連連向我們道謝。

但是，有時我們也會遇到這樣的事，一個陌生人向你走來，說：「喂，喂，在叫你！」你疑惑地看看他，心裡很不高興：「我哪知道你喊我，什麼事？」「知不知道火車站在哪裡？」「不知道！」

為什麼我們會熱心地給第一個陌生人做解答？因為他有禮貌，使用了「對不起」、「打擾」、「請問」三個禮貌用語，可以充分看出對方的誠意，我們心中高興，也樂意為他解決難題。第二個人沒禮貌，我們當然不願意回應他。

禮貌和教養對於社交中的人來說是必不可少的，它是裝飾人類或其他一切的優良品格和天資。禮貌不用花錢，卻能贏得一切。禮貌使有禮貌的人喜悅，也使那些受人以禮貌相待的人們喜悅。

在與陌生人的對話中，我們要使用很多的交際語，這樣才能讓對方對我們產生好感，樂於跟我們交朋友。

平時，我們用到最多的交際語是「請」、「謝謝」、「對不起」。

請。文明社會裡，幾乎在任何需要麻煩他人的時候，「請」都是必須掛在嘴邊的禮貌語。如「請問」、「請原諒」、「請留步」、「請用餐」、「請指教」、「請稍候」、「請關照」等。頻繁使用「請」字，會使話語變得委婉而禮貌，是比較自然地把自己的位置降低，將對方的位置抬高的最好辦法。

謝謝。正確地運用「謝謝」一詞，會使你的語言充滿魅力，使對方倍感溫暖。道謝時要及時注意對方的反應。對方對你的感謝感到茫然時，你要用簡潔的語言向他說明致謝的原因。對他人的道謝要回應，答謝可以用「沒什麼，別客氣」、「我很樂意幫忙」、「應該的」來回答。

對不起。社交場合學會向人道歉，是緩和雙方可能產生的緊張關係的一帖靈藥。例如，你在公共汽車上踩了別人的腳，一聲「對不起」即可化解對方的不快。道歉時最重要的是有誠意，切忌道歉時先辯解，好似推脫責任。在需要別人幫忙時，說一句「對不起，你能替我把茶水遞過來嗎」，可以表現一個人的謙和及修養。

交際中的禮貌用語除上述以外，還有很多：

問候的用語：早安；你好；晚安。

掛念的用語：身體好嗎；怎麼樣；還好吧！

徵詢的用語：你有什麼事情；需要我幫你做什麼；如果你不介意，我可以做……嗎？

答謝的用語：請多關照；承蒙關照；拜託。

讚賞的用語：太好了；真棒；真漂亮。

謙讓的用語：愚、愚見、寒舍、太客氣了、過獎了、為你效勞、多指教、沒關係、請原諒、慚愧、不好意思……

理解的用語：太忙了只能如此；深有同感，所見略同。

道歉的用語：對不起；請原諒；實在抱歉；真過意不去；完全是我們的錯。

常用的客套話：慢走、留步、勞駕、少陪、失敬、久違、久仰、恭喜、包涵、打擾、借光、拜託、高見……

與人溝通是一門技巧，只有很好地掌握它，才能在你與陌生人之間產生關鍵的作用。在自己付出真誠的時候，也要使對方輕鬆自如，這樣雙方才能開誠布公。

平時要鍛鍊自己的語言，豐富自己說話的內容，與陌生人交談的時候才不會顯得呆板。同時，與對方溝通時，避免以自我為中心，忽視對方的感受，盡量摸清對方的心理，把話說到對方的心坎上，對方必然樂於與我們交流，這樣才會產生我們希望的結果。

一第三章一

結束——加深印象，創造下次接洽機會

做事要善始善終，同樣的，與陌生人進行了真誠而友好的交流之後，我們要把結束當成像開始那樣重視，把握好結束交談的時機，選用恰當的語句與對方道別，使對方加深你的印象，期待能夠再次與你交談。

歡聚終有別，把握時機結束交談

元朝學者陶宗儀對寫文章有個「三段論」的說法，即「鳳頭、豬肚、豹尾」，而我們與陌生人結交的過程也與寫文章一樣，也需要有個「引子」、「正文」和「收尾」。先說問候的話、引出話題就是「引子」，真誠而自然地交談就是「正文」，適時結束交談向對方告別就是「收尾」了。只有把這三個部分處理得好，方能使得一次交談有個滿意的結果。如果之前的「引子」、「正文」我們都進行得很順利，我們最後要做的就是有一個完美的「收尾」。

小李代表公司參加了一個展售會，還認識了一位漂亮的女士。透過交談，小李知道對方與自己是同行，他們就自然地聊起了雙方所熟悉的話題。那位女士非常健談，小李雖然話不多，但在關鍵時刻能說出中聽的話，有時開解她一下，有時稱讚她一下，這樣一來，對方談興大增，很有與小李相見恨晚的意味。

聊了一會兒，小李就有點坐立不安了，因為總經理曾交代他，展售會結束後，盡快把情況向公司彙報。小李幾次想打斷她，但都不好意思。畢竟對方是個女士，又聊興正濃，這樣打斷對方顯得不禮貌。

又聊了一會兒，小李想不能再說了，得想個辦法讓她知道。猛然間，小李有了主意。只見他一會兒四處張望，一會兒又看看手錶，臉上還顯露出很焦急的樣子。很快，那位女士注意到了小李神態不對，就問小李怎麼了。小李也沒隱瞞，如實向她說明了原因。那位女士笑了，埋怨小李為什麼不早說，然後就催小李趕快辦正事，還對小李說以後常聯絡。

幸虧這位女士是一個明理的人，而且觀察能力還很強，看出了小李有急事的樣子，否則小李還真要為結束交談而費一番腦筋。其實，小李的這種做法是有一點欠妥的。如果對方是個明理的人，可能會詢問他是不是有急事；如果對方是一個較敏感的人，很可能會誤會他的做法。

俗話說，天下沒有不散的筵席。我們與陌生人不管如何相談甚歡，都有說再見的時候。如果是對方先提出結束交談，我們就可以禮貌地與他道別；如果對方沒有要結束的意思，我們就應該找準時機，向對方提出結束交談。

首先，可以從時間上把握。例如，聚會快結束的時候，就可以適時提出結束交談；時間快到中午、晚上，或者是晚上已經很晚了，這時我們就可以以「時間不早了」為藉口，向對方提出結束交談。

其次，可以從雙方的交談內容中找出結束的時機。如果雙方針對某個話題談得很投機，此話題涉及的內容又很廣，一時半會兒不可能結束時，就可以跟對方說另找時間再談。或者，轉移話題的時候雙方都沒有什麼話可說，這時我們就可以結束交談。

再次，有突然發生的事情時結束交談。例如，聚會時有主持人要講話，或者有人、有電話找對方（自己）時，是最好的結束交談的時機。

此外，如果是相約見面，我們最好到對方家裡「登門拜訪」，而不是約他「光臨寒舍」，這樣可以掌握結束交際的主動權。如果對方來作客，我們不必為了顯示熱情而拚命挽留對方。否則，如果對方不好意思立即告辭，再開始的談話只能是純應酬了，很難涉及實質性問題。

期待再相見，道別的話這樣說

和作為口語活動的演說相比，我們與陌生人交談的結束語並不需要追求「藝術效果」，不需要講究那麼多的「楔子」、「噱頭」、「幽默」、「出人意料」或「戛然而止」的形式和「技巧」。然而，交談畢竟是一種有目的的社會交往，我們不光期待與對方進行友好的溝通，更希望藉此機會讓對方成為我們的朋友，以後能夠經常聯絡。因此，懂得結束交談的禮儀，會說道別話也是我們必須掌握的知識。

公司派小王去拜訪一個客戶，之前他們沒有過來往，互相並不熟悉。小王只是聽同事說對方是一個書法愛好者。為此，小王特意書寫了一篇書法，以備交談的時候用。

對方對小王很客氣，雙方就工作上的事進行了一番交談，又聊了一些無關緊要的話。時鐘指向了下午六點，到了吃晚飯的時候了，該結束拜訪了，但小王感覺對方與自己的距離還是很大，這不利於以後工作的進行。在起身的時候，他順手拿出了自己書寫的書法，說：「時間過得真快啊，我也該告辭了，謝謝你的合作！我還有件事想向你請教，我知道你是書法專家，我也有這個愛好，但是不知道如何提高自己的程度。」說著，小王拿出了自己寫的大字。

客戶聽完小王的話，眼睛一亮，拿著書法端詳了一下，說：「不要說我是專家，我也只是愛好。你寫得不錯。這樣吧，這個週末我有時間，你來我家我們共同研究。」

我們生活在一個五彩斑斕的世界，在這個世界裡不僅有美麗的風景，也有不同個性、不同氣質、不同人格魅力的人，而每個人都渴望被欣賞和認同。無疑，在與陌生人溝通時，這一點是非常重要的。小王就是利用了這一點，在結束拜訪的時候，提起了對方感興趣的事，不光爭取到了再次見面的機會，還為雙方的進一步結交打下了良好的基礎。

與陌生人結束交談，如何說道別話也是一門藝術。說得好，雙方歡喜，感情加深；說得不好，雙方難堪，拉大了彼此之間的距離。以下針對「道別話」的幾種常用方式，進行簡要的介紹，以供參考：

道謝式。它在交談藝術中具有較強的禮節性，它的基本特徵是用講「客氣話」作為交談的結束語和告別話。道謝話適用的場景和對象是最廣泛的，它無論是上下級間、同事間，還是左鄰右舍之間都是適宜的。例如，「如果不是聽了你的話，我真不知道這件事應該這樣處理，改天我能再向你求教？」「你對我事業上的幫助，生活上的關懷，使我感激不已……」「今天真是謝謝你，改天一定去拜訪你……」

關照式。當我們與對方談了自己的思想、意見、看法或流露了某些內心意向之後，覺得談話中的有些話或問題是帶有範圍性、對象性、保密性和重點性的，當交談即將結束時，就關照對方不要將其中的某些話張揚開去，或關照哪些問題。例如，「剛才我講的一些話，是一些不成熟的看法，在我們覺得不必讓他人知道的時候，請你不要傳出去，以免引起麻煩……」「我說的全是心裡話，有關某某的事你千萬別講出去，不然會鬧出大麻煩的。」

這種關照性收尾，有一種提起注意、防患於未然和強調重點的作用，能增強對方的「使命感」、「責任感」。

徵詢式。所謂徵詢式結束，是指當一次交談行將完畢時，我們可以根據自己的「談話使命」綜合「交談情況」——即目的與交談後的吻合情況——說出向對方徵求意見、看法、說明、要求，或建設性的建議、忠告、勸誡等。例如，「你對我有其他意見和看法嗎？如果現在想不起來，日後你儘管提出來，我這個人是非常樂於接受批評的……」「你覺得我還應該注意些什麼，怎樣做才好？」「聽君一席話勝讀十年書啊，不知道下次什麼時候再見面？」無疑，這樣的話令對方聽了有一種心悅誠服、倍感親切、心心相印的感覺，進而取得關係融洽、有利於進一步結交的良好效果。

邀請式。即我們運用社交手段向對方發出禮節性邀請或正式邀請。它的效用前者是表現了「套式」所需的禮儀，後者是一種友誼富有生命力的表示。如正式邀請：「今天跟你的交談真是愉快。你哪天賞光到我們家來吃便飯，那時我們再作長談……」「你對我們這裡的景觀這麼感興趣，不如就在這個週末我帶你去參觀一下……」

「套式」邀請也是一種禮節；正式邀請更是一種友好和友誼的表示。運用這種結束語，無疑是最符合我們結交朋友的願望的。

道別話是多種多樣的，只要我們能夠駕馭情境，選擇得當的詞語作為交談結束語，無疑不僅會是得體的、有趣的，而且也會是有力的、感人的。

留下好形象，掌握相送的禮節

與人結交，我們最大的願望就是希望成為好友，讓對方能夠記住我們。那麼，我們憑什麼讓對方永遠記住我們？憑的是我們給對方的第一印象和最後印象。

專家們經過研究發現，在社會交往中，每個人都會以自己所特有的相貌體態、氣質風度、儀表神情、言談舉止等外部特徵給別人留下特定的印象。在與人交往的不同階段內給人留下的不同印象，又會產生不同的效應。

與人第一次接觸後形成的印象稱作第一印象。第一印象對後來形成的整體印象具有較大的決定力和影響力。也就是說，第一印象在別人的頭腦中所刻下的痕跡十分深刻，因而不易改變。這種現象在心理學中稱為首因效應。因此，一般情況下，無論是知覺者還是被知覺者，都非常重視第一印象。

最後一次接觸形成的印象稱作最後印象。最後印象往往具有對先前印象的修正作用，以及對整體印象的定格作用，也就是說，最後印象常常會將先前的印象覆蓋住，因此具有長久的、定型的影響力。

因此，如何給對方一個完美的最後印象，就是我們能否讓對方記住我們，並且繼續交往的關鍵。

還記得那首膾炙人口的《贈汪倫》嗎？現在我們就看看汪倫是如何送別李白的。

汪倫曾經做過縣令，卸任後把家遷到桃花潭，做了一個寄情山水的普通人。唐天寶年間，汪倫聽說大詩人李白旅居南陵叔父李冰陽家，便寫信以「十里桃花」、「萬家酒店」為名邀請李白到家中做客。

李白欣然應邀而至。汪倫盛情款待，搬出用桃花潭水釀成的美酒與李白同飲，並笑著告訴李白：「十里桃花是指十里外的潭水名，萬家酒店是一個姓萬的人所開的酒店。」李白聽後大笑不止，並不以為被愚弄，反而被汪倫的盛情所感動，於是連住數日。

幾天以後，李白告訴汪倫將要乘舟去廬山，汪倫感到依依難捨。雖然與李白才相識幾天，但是他已經把李白當成了一生的朋友。然而，汪倫知道李白是一個豪放的人，「此一別後，他還會記得我這個鄉下人嗎？不如用一個特殊的送別方式，希望他能永遠記住他還有我這個朋友。」

這一天，李白上了船，但不見汪倫相送。快要開船的時候，李白忽然聽到了一陣歌聲，這才發現，汪倫穿著盛裝，一邊跳著當地特有的送別舞蹈，一邊唱著古老的《踏歌》。舞蹈節律明快，歌聲慷慨激昂。李白看到這裡，深受感動，頓時文思泉湧，馬上做了一首詩《贈汪倫》：「李白乘舟將欲行，忽聞岸上踏歌聲。桃花潭水深千尺，不及汪倫送我情。」

李白的確是把汪倫當成了知己，不光是因為汪倫的熱情款待，更在於臨行時汪倫特有的告別方式。因此，我們在社交應酬中應當像這位汪倫先生學習，學習他的待人熱忱，更要學習他是如何將送別場面做得如此漂亮的。

李夫人是漢武帝最寵愛的妃子，在她快要死的時候，面容已經變得很憔悴，但是她拒絕與漢武帝見面。原因是如果與漢武帝見面，給漢武帝留下的就是最後的印象，這次印象肯定會將先前的印象全部覆蓋，並且這個最後的印象將會成為永久的印象。

也就是說，如果她見了漢武帝，一個憔悴醜陋的李夫人的形象會永遠烙在漢武帝的心中。

在我們與對方告別時，可以根據不同的場合使用不同的告別方式：

首先，如果是在對方家中，離開時要主動告別。道別時要向主人致意。出門後，要請主人留步並道謝，如說聲「謝謝你的熱情款待」、「請留步」等，千萬不能把主人甩在後頭，頭也不回地大踏步離去。

其次，如果是對方來作客，客人準備告辭的時候，應該真誠地挽留。不論是朋友來訪，還是業務上的往來，當對方走時，作為東道主，一定要熱情相送，不要一出門，對方說請留步，就真的不送了。否則，當客人走完一段再回頭致意時，發現主人不在，心裡會很不是滋味。同時，送客返身回屋後，應將房門輕輕關上，不要使其發出響聲，那種等客人剛出門時，就砰地關上大門的做法是極不禮貌的，並且很有可能因此而葬送客人來訪時，你精心培植起來的所有感情。

對遠道而來的客人需送客至車站、碼頭，並等車、船開動且消失在視野以外後再返回。尤其不要表現得心神不寧或頻頻看錶，以免客人誤解成你催他快快離開。

為了表達對客人的友好感情，給他們一定的精神輔助，臨別時，別忘了告訴客人代表你向他們家人問好，可以這樣說：「請代向令尊令堂大人問好！」「請代向其他親友問好！」等等。必要時還應為客人贈送一份特產或紀念品，請客人笑納。

最後，如果是第三場合，我們可以與對方握手後再揮手道別。揮手道別的正確做法是：一、身體站直，不要搖晃和走動。二、目視對方，不要東張西望，眼看別處。三、可用右手，也可雙手並用，不要只用左手揮動。四、手臂盡力向上前伸，不要伸得太低或過分彎曲。五、掌心向外，指尖朝上，手臂向左右揮動；用雙手道別，兩手同時由外側向內側揮動，不要上下搖動或舉而不動。

如果是商務會談，要特別重視告別時的握手，要真誠看著對方。如果你的握手持續三到五秒，你的眼光也要停留三到五秒，並誠懇地說：「我們今天就談到這裡。很高興認識（或再次見到）你！」假如氣氛融洽，此時把你們約定的事情再強調一遍更好。如果你是接待方，一定要記得先等客人起身後你再起身，否則有下「逐客令」之嫌！送別的言行中，要表現出誠懇和從容。如果送到大門、電梯門、汽車門時，最好目送對方至離開為止。

俗話說：「編筐編簍，貴在收口」。我們與陌生人結交不光要有一個好的開始，更要給對方一個完美的結束。在對方的心目中，如果告別之前的印象佔十分，我們在告別時留給對方的印象也會達到五分以上。

道別時，我們要特別注意兩點，第一是道別的言辭，要說得熱情洋溢，飽含真誠；第二是道別時的舉止，要做到及時，大方得體。做到了這些，我們就創造出與對方再次見面的機會。

第四章

亮出自己——瞬間打動人心的開場白

好的開端是成功的一半，與陌生人交往時說好前三句話，會給我們帶來意想不到的效果，能夠瞬間打動對方，欣然接受我們。說好開場白需要一定的技巧，或從真誠的問候開始，或以恰當的寒暄開始，最直接的就是自我介紹。開場白應達到三大目的：一是拉近距離；二是建立信任；三是引起興趣，為接下來的交談做好準備。

● 一句真誠的問候語，看似簡單，實則是打開友誼之門的鑰匙，正確恰當地運用它們，你就會受到眾人的歡迎。

● 有些人好為人師，總喜歡指導、教育別人，或表現自己。我們可以有意找一些不懂的問題，或裝不懂地向對方請教，而對方是不會拒絕虛心討教的人的。

● 一個人不管年齡多大，都對自己所不瞭解的事物覺得新奇而感興趣。我們從這個方面下一點功夫，就可以想到很多引起對方交談欲望的話題。

● 每個人在面對陌生人時都有一種防備心理，打通這個障礙有兩種方法，一是接近，使其對我們產生信任，進而解除戒備；二是出其不意，巧妙地繞過去。

● 攀親認友型的說話方式就是抓住雙方共同的親近點，並以此為契機進行發揮性問候，以達到與對方順利接近的目的。

● 自認只見過一面的對象必能牢記自己的想法，其實是傲慢的想法。如此一來，永遠也無法讓別人記住你。即使是第二次或第三次見面，果真希望對方記牢你，就必須詳細報出姓名。

● 上天賜人兩耳兩目，但只有一口，欲使其多聞、多見、少言。在別人的話語裡，有鮮花、有荊棘、有廢渣、有珍珠、有林林總總的一切，細心傾聽者可以從中聽到財富與機會的腳步聲。

● 有教養的頭腦的第一個象徵就是善於提問。

● 禮儀不良有兩種：第一種是忸怩羞怯；第二種是行為不檢點和輕慢。要避免這兩種情形，就只有好好地遵守下面這條規則，就是，不要看不起自己，更不要看不起別人。

● 請保證你的恭維是誠懇的。「恭維是切得很薄的香腸，味兒很美；吹捧是切得很厚的香腸，無法消化。」

● 認可讚美和鼓勵，能使白癡變天才，否定批評和諷刺，可使天才成白癡。請永遠不要否定、不要批評、不要諷刺，請相信所有人都重要。

● 幽默是人類獨有的特質，是一種智慧的表現。具有幽默感的人無論到何處都受歡迎，它可以化解許多人際交往的衝突或尷尬的情境，能使人的怒氣化為豁達，亦可帶給別人快樂。

● 如何稱呼他人極為重要，若稱呼的不妥當則很容易讓他人產生反感，甚至嫉恨在心久久無法釋懷。

● 為對方著想，可以樹立良好的個人形象；為對方著想，可以培養令人景仰的個人魅力；為對方著想，可以為人生贏得良機。

真誠問候，博取好感

現代社會中，人們物質生活日益豐富，但「雞犬之聲相聞，老死不相往來」也並非天方夜譚。生活在同一棟樓裡的人常常不知自己對面住家姓甚名誰。在走廊、過道中鄰居們相遇也漠然而過，誰也不願用真誠的問候搶先招呼對方，許多人對這種人情淡漠，世風日下之情而憂心忡忡。

其實，只要說出一句問候的話，你就會發現，別人與你一樣正渴望捅破這一層妨礙友情的紙。大方而主動地伸出友情的手，你面對的將是善意的笑臉。

我們與陌生人之間也是這種情況。想結交陌生人，我們最應該做到的就是主動熱情。無疑，向對方致以真誠的問候，就可以消除對方的陌生感，會讓對方感到親切。這也是能夠讓對方接受我們的最好方式。

小蕭是一個業務員，一年中有一半的時間都在外面跑，於是，汽車、火車等交通工具就成了他的第二個家。

以前，小蕭一坐上車就瞇起眼睛打盹，或者買一份報紙、一本雜誌自己埋頭看。時間長了以後，自己也感覺很無聊。向四周看看，又都是陌生人，他也鼓不起與他們交談的勇氣。

一次偶然，小蕭看了一本關於人際交往的書，這才明白，其實陌生人並不可怕，只要真心結交，他們都會成為朋友的。明白了這些，小蕭的心豁然開朗。

以後再出差，小蕭都經常主動同周圍的人打招呼，「你好，你也是出差吧！」或者說：「你好，是不是坐車很累啊？」於是，原本陌生的人聊了起來。每次坐車都能認識幾個朋友，分手時互相留下電話，像老朋友一樣親切，幾個小時的旅途也過得非常愉快。

問候的話，是社交中雙方最初見面時都要用到的應酬語，它就像是一首優美樂曲的前奏，並不是無足輕重的。實際上，真誠的問候是開始雙方交談的最好的鋪墊。所以，問候不是簡單地打招呼，而是一種必要的溝通技巧。

向初次見面的人問候，最標準的說法是：「你好！」「很高興能認識你！」「見到你非常榮幸！」

比較文雅一些的話，可以說：「久仰。」或者說：「幸會。」

想要隨便一些，也可以說「早聽說過你的大名」、「某某人經常跟我談起你」，或者「我早就拜讀過你的大作」、「我聽過你做的報告」……

想顯示自己的熱情，用語不妨顯得親切一些，具體一些，可以說「今天可真熱啊」、「參加宴會的人真多」，也可以講「你氣色不錯」、「你的髮型真棒」、「你也是剛到這裡嗎」、「今天的風真大」、「你跟朋友一起來的」。

問候語不一定具有實質性內容，而且可長可短，需要因人、因時、因地而異，但它卻不能不具備簡潔、友好與尊重的特徵。

問候語應當刪繁就簡，不要過於程式化，像寫八股文。例如，兩人初次見面，一個說：「久聞大名，如雷貫耳，今日得見，三生有幸。」另一個則道：「豈敢，豈敢！」搞得像演出古裝戲一樣，就大可不必了。

問候語應帶有友好之意，敬重之心。既不容許敷衍了事般地打哈哈，也不可用以戲弄對方。例如，「來了」，「瞧你那德性」，「喂，你可真夠胖的啊」，自然均應禁用。

真誠請教，激發對方的熱忱

人是一種複雜的動物，有各種各樣的需要，其中也有被人需要的需要。在我們遇到困難的時候，特別需要別人的幫助；而在別人有問題向我們求教的時候，我們又非常願意為對方提供意見，並把能夠幫助對方解決問題當成一件開心的事。

李新是一位大學剛畢業的法律系學生，因為律師考試還未能通過，只好在一家法律事務所當職員。按照公司規定，試用期間每個人在一個月內都要拉到一家新客戶。可是他剛離開學校不久，又沒有任何的背景，每次去拜訪新客戶，不是吃了閉門羹，就是要他回去等消息。

眼看一個月的期限就快到了，他已經心灰意冷，打算另謀出路。沒想到這個時候奇蹟出現了，他不但開發出一個新客戶，而且還藉著這個客戶的引薦，一連吸收了十幾家新客戶。他不但沒有被炒魷魚，反而晉升成正式職員，薪水也幾乎翻了一倍，成了老闆特別關注的新員工。

李新到底是憑著什麼本領，能夠這麼快就「鯉魚躍龍門」？

有一天，李新抱著試試看的心態去拜訪一家公司的客戶部經理。那個經理見是一個年輕人，臉上顯出了不悅的表情。李新心裡有點惴惴不安，不知道如何開口了。這時他猛然發現經理的桌子上有一個牌子，上面寫著「尉遲懷」三個字，李新猜測這可能是經理的名字。他想：「如果以這個名字找話題，應該錯不了。」

於是，李新問：「你知不知道李世民發動玄武門之變時，功勞最大的那員猛將是誰？」經理愣了一下，說：「知道，是尉遲恭。」李新心想：「你們是同一個姓，當然會知道這個人了。」李新又說：「對，是他。今天聽你一說，我才知道他叫尉（ㄩˊ）遲恭。以前盡出醜了，老叫他尉（ㄨㄟˋ）遲恭。」

經理笑了：「這也不怪你，十個人裡有八個人都會讀錯。」

李新說：「是啊，雖然這個姓有點特殊，可是我聽說，歷史上姓尉遲的名人有很多啊，你知不知道有誰？」

這一下打開了這位經理的話匣子，他開始興致勃勃地講了起來。

用這個少見的姓氏做話題，李新和那位經理聊了起來，儘管他並未說明來意，更沒談什麼細節，但光憑這次愉快的交談，就讓他開發出一家財團做客戶。這家財團旗下所有的關係企業，全都與事務所簽下了合約，聘請李新所在的事務所做法律顧問，為事務所增加了一個頗具實力的客戶。

對於一個陌生人，我們可以利用「幫助別人，自己快樂」這一點，向對方虛心求教一些問題，使對方有被需要的心理滿足，為我們結交對方做一個較好的開端。

例如，我們可以問一個熱心的園藝家：「我想把花園中的一年生植物改種多年生的，你建議種什麼？」或對於一個通訊行業的人，我們可以問：「我想買一部手機。你有什麼好的推薦嗎？」

有些人好為人師，總喜歡指導、教育別人，或顯示自己。我們就可以有意找一些不懂的問題，或裝不懂地向對方請教。如：「王總，在電腦方面你可是專家。這是我公司研製的新型電腦，請你指導，在設計方面還存在什麼問題？」受到這番抬舉，對方就會接過電腦資料信手翻翻，一旦被電腦先進的技術性能所吸引，推銷便大功告成。

對於陌生人，向他詢問有關任何方面的觀點都是很穩妥的：政治、體育、股市、時尚和當地新聞，所有的都可以，除了那些很敏感或會引起爭論的問題。

引起好奇，讓對方產生探索欲望

現代心理學認為，好奇是人類行為的基本動機之一。美國傑克遜州立大學劉安彥教授說：「探索與好奇，似乎是一般人的天性，對於神秘奧妙的事物，往往是大家所熟悉關心的注目對象。」那些不熟悉、不瞭解、不知道或與眾不同的東西，往往會引起人們的注意，我們可以利用人人皆有的好奇心來引起對方的交談興趣。

康寧玻璃公司的一位頂尖銷售人員，有一個有名的故事：

他是全國安全玻璃銷售量的總冠軍，被問及如何打開銷售對話時，他說他會一走進會議室就問：「你有沒有看過一種破了卻不曾碎掉的玻璃？」準客戶表示不曾見過的時候，他就拿一塊完整的玻璃樣本，把它放在客戶的桌上，然後用一個榔頭用力敲。

準客戶會往後跳開以躲避玻璃碎片，但卻發現根本沒有任何碎片。這位銷售人員就得到客戶完全的注意力，從此銷售活動就可以迅速進行了。

這位銷售員沒有跟客戶特別介紹自己的產品，而是問了一句「有沒有看過一種破了卻不曾碎掉的玻璃」，引起了客戶的好奇，讓對方產生了想知道的急切心理，這樣銷售員就可以拿出自己的產品，證明這就是自己所說「破而不碎」的玻璃。

與陌生人結識之前，他們通常不會注意到我們，我們先製造神秘氣氛，引起對方的好奇，然後在解答疑問時，我們就不知不覺地和對方展開了交談。

例如，我們對顧客說：「你知道世界上最懶的東西是什麼嗎？」顧客感到迷惑，但也很好奇。這時我們繼續說：「就是你藏起來不用的錢。它們本來可以購買我們的空調，讓你度過一個涼爽的夏天。」

再如，看到對方戴著眼鏡，我們可以說：「戴眼鏡的人冬天很麻煩，從屋外到屋裡，鏡片容易起霧，不過有一種方法可以防止這種情況的發生。」說到這裡，對方一定很想知道是什麼方法，然後我們再繼續說下去：「把一小塊肥皂均勻地塗在鏡片的表面，再用乾淨的布擦拭，把肥皂擦掉就行了。不過，這種方法效果不是很好，你一般是怎樣處理這種事的？」

俗話說，好奇之心人皆有之。一個人不管年齡多大，都對自己所不瞭解的事物覺得新奇而感興趣。我們從這個方面下一點功夫，就可以想到很多引起對方交談欲望的話題。

英國著名作家毛姆，在年輕時他默默無聞，而且苦於自己的書無人問津。要知道，一位作者要讓讀者接受自己，必須透過他的著作。如果他向人介紹他的作品是如何之好，我想是沒有幾個人會信服他而購買他的書的。

於是，毛姆別出心裁地在報紙上登了一則廣告：「某年輕百萬富翁，性情溫和，愛好體育、音樂，希望能與毛姆最新作品中女主角性格相同之女士為友，而後論婚嫁……」幾天以後，毛姆的著作大為暢銷，竟然使毛姆躋身於著名作家之列。

一則小小的廣告能帶來如此神奇的效果，這不能不說毛姆自我推銷技巧的高明。他巧妙地利用人們的好奇心理，讓人們對他的作品發生興趣，也將自己「推銷」給讀者。

出其不意，解除對方的戒備心理

陌生人見面，開始時通常都說一些無關輕重的話，如「你也是來參加會議的」、「這裡的環境還不錯」、「剛才長官的講話真有啟發性啊」……雖然這樣可以讓對方能接上話題，但是如果我們想與對方深談下去，還需要轉換話題。

有一句話叫「出其不意，攻其不備」，在戰場上用這招常常能夠取得迅速的勝利。在與陌生人的開場白中，我們也可以拿來一用，效果奇佳。

美國的賓夕法尼亞有一個富庶的荷蘭農民區，但很奇怪的是，這裡的人家都不愛用電。費城電氣公司幾次派人向他們推銷產品都失敗了。後來一個叫特斯的年輕人來電氣公司應徵銷售員，公司說：「只要你能在荷蘭農民區推銷出一件產品，我們馬上聘用你。」

特斯滿口答應，他來到了農民區，經過一戶整潔的農家時，問該區的代表：「這些人為什麼不愛用電？」那個代表顯得很煩惱地說：「他們都是些守財奴，你絕不可能賣給他們任何東西的。而且他們對電氣公司很討厭，我已經跟他們談過，毫無希望。」

特斯相信區代表所講是事實，可是他願意再嘗試一次。他輕敲這戶農家的門——門開了個小縫，年老的特根保太太，探頭出來看。「你是不是電氣公司派來的？」特斯剛說了一個「是」字，那位老太太馬上把門關上了。

特斯又上前敲門，她再度把門打開，特斯說：「特根保太太，我很抱歉打擾了你，我不是來向你推銷電氣的，我只是想買些雞蛋。」

她把門開得大了些，探頭出來懷疑地望著特斯。特斯說：「我看你養的都是特種雞，所以我想買一打新鮮的雞蛋。」她說：「你怎麼知道我養的是特種雞？」她似乎感到好奇起來。特斯說：「我自己也養過這種雞，可是沒有你這裡的雞好。」

這時，特根保太太才放膽走了出來，並且和特斯愉快地聊了起來。最後，特斯告訴她，如果在雞房裡都裝置電燈，雞會長得更快，蛋也下得更多。

兩星期後，特根保老太太的雞房裡，安上了特斯向她推薦的電燈。

對於初次見面的人，我們除了寒暄以外，講一些出其不意的話，常常能讓對方吃驚，進而打破他們的心理預防，讓他們很想知道我們為什麼要這樣說，這樣一來，我們的目的就達到了。

攀親認友，拉近距離

一般來說，對任何一個素不相識者，只要事前做一番認真的調查研究，你都可以找到或明或隱、或近或遠的親友關係。你在見面時及時拉上這層關係，就可以迅速縮短心理距離，使對方產生親切感。

三國時代吳國的魯肅就是一位攀親認友的能手。他跟諸葛亮初次見面時的第一句話是：「我是你哥哥諸葛瑾的好朋友。」就憑這一句話就使交談雙方心心相印，為孫權跟劉備結盟共同抗擊曹操打好基礎。

有時，對異國初交者也可採用攀親認友的方式。一九八四年五月，美國雷根總統訪問上海復旦大學。在一間大教室內，雷根總統面對一百多位初次見面的復旦學生，他的開場白就緊緊抓住彼此之間還算「親近」的關係：「其實，我和你們學校有密切的關係。你們的謝希德校長與我的夫人南茜，都是美國史密斯學院的校友。照此看來，我和各位自然也就都是朋友了！」此話一出，全場鼓掌。短短的兩句話就使一百多位黑髮黃膚的中國大學生把這位碧眼高鼻的洋總統當作十分親近的朋友。接下去的交談自然十分熱烈，氣氛極為融洽。你看，雷根總統這段開場白的設計是多麼巧妙！

由於親戚、同鄉這類較為親密的關係會給人一種溫馨的感覺，所以會使交際雙方易於建立信任感。特別是突然得知面前的陌生人與自己有某種關係，更有一種驚喜的感覺。故而，若得知與對方有這類關係，寒暄之後，不妨直接講出，這樣很容易拉近兩人的距離，使兩人有一見如故的感覺。

因而，在交談中將這類關係點出，就使對方意識到兩人其實很「近」。這樣，無論對方地位在你之上或你之下，都能較好地形成坦誠相待的氣氛，打通初次見面由於生疏造成的心理上的「防線」。

我們與陌生人接觸時，只要留心，就不難發現自己與對方有一些共同點，像「同鄉」、「自己喜歡的地方」、「自己嚮往的地方」、「自己認為的好去處」等等就是與對方攀認的契機，就可以與對方「沾親帶故」。如：「大家都是廣州人，我祖父出生在廣州，說起來，我們算是半個同鄉了」「你和我都姓陳，五百年前我們可是一家啊」……

沒話找話，吸引對方的注意力

很多人都有這種想法：跟一個陌生人說話，如果他能回應還好，如果不理會我的話該多丟人啊！可能他會笑話我的，或者他會不會以為我有不良企圖啊……其實，這些都是我們多想了，跟陌生人說話遠沒有這麼複雜。專家曾經做過調查，證實我們主動與陌生人說話時，對方通常表現出友好的態度，整體成功率在八〇％以上。

結交陌生人除了要有勇氣以外，還需要一定的技巧，就像之前我們講述的那樣，「引起好奇」、「攀親認友」、「投其所好」……但是，有時候因為各種原因我們可能想不到該使用哪一種方法跟陌生人交談，這時，我們就可以「沒話找話」，先引起對方的注意，然後再根據情況找到雙方共同的話題。

「沒話找話」說起來也算是一個小技巧，它還有一個學名，叫「搭訕」，即主動和陌生人交流。搭訕的人，有機會把陌生人變成自己的朋友；而不搭訕的人，在受了傳統社會僵化思維的影響，把「搭訕」這個結合了勇氣和良好溝通能力的行為給妖魔化後，卻永遠只能停留在無盡的懊悔之中。

搭訕是考驗一個人溝通技巧和整體修養的最好試練。一次成功的搭訕中蘊涵著智慧和勇氣，同樣也是一門藝術。

有一家公司要應徵一名經理，在應徵者之中，有兩個人的表現非常好，公司有意從他們中間聘請一位。在等待結果的時候，一個應徵者並沒有安靜地坐下來，而是走到服務台跟一位職員搭訕，說了一會兒話，那位職員跟他說了一些公司的事。

兩個應徵者再次坐到面試官前面的時候，那個跑去跟服務台搭訕的人，根據自己掌握的情況對公司提出了一些新的看法並說了幾點建議。

結果可想而知，那個提出了新的看法並說出建議的人被聘用了。

沒話找話總比無話可說要強得多，至少可以給雙方一個機會，而無話可說根本沒有機會，相較而言，結交陌生人，我們至少要給自己一次機會。

自我介紹，讓對方認識大方得體的你

跟陌生人結交，我們還可以從自我介紹開始，相較於前面的方法而言，自我介紹是最正式、最莊重、最容易被別人記住的方式。自我介紹是向別人展示你自己的一個重要手段，自我介紹好不好，甚至直接關係到你給別人的第一印象的好壞及以後交往的順利與否。而且，自我介紹不僅僅是展示自己的手段，也是認識自我的手段。古人云：「知人者智，知己者明。」常言道：「旁觀者清，當局者迷。」可見，想要認識自我，給自己一個準確的定位不是一件容易的事情，而透過自我介紹，會對自己進行一個有意識的梳理。

著名作家張恨水有一次應邀到成都大學進行演講，他是這樣開頭的：

今天，我這個「鴛鴦蝴蝶派」作家到大學裡演講，感到很榮幸，我取名「恨水」不是什麼情場失意，我取名「恨水」是因為我喜歡南唐後主李煜的一首詞《烏夜啼》「林花謝了春紅，太匆匆！無奈朝來寒雨晚來風，胭脂淚，留人醉，幾時重？自是人生長恨水長東！」我喜歡這首詞有「恨水」二字，我就用它作為筆名。

面對陌生的學子，張恨水以解釋自己的名字為開場白，短短的幾句話既澄清了聽眾心中的迷霧，也使這些青年學生為大作家的純樸、坦率而折服，「張恨水」這三個字可能會一輩子印在他們的腦海裡，真可謂一舉兩得。

在社交活動中，想要結識某人或某些人，而又無人引見，此時自我介紹就是最好的方式了。自我介紹的內容，可以根據實際的需要、所處的場合而定，要有鮮明的針對性。

一次非正式聚會中，有兩位初出茅廬的大學畢業生，他們都想結交舉辦此次聚會的主人張先生。張先生是一個商業奇才，不到十年時間就已經把自己的業務拓展到歐洲。

男生A這樣介紹自己：「你好，我叫某某，今年剛畢業，正在找工作。」張先生當時有點愣，第一次聽人這麼介紹自己，只好接話說：「是嗎？加油啊，祝你早日找到滿意的工作。」

其實，A的自我介紹有些不得要領。首先，張先生和他完全不熟，在對他的性格和特長一無所知的情況下，A傳達給張先生一個他正在找工作的資訊，屬於無效信號。自我介紹儘管只是簡短的一兩句話，但吸引別人的也許正是開篇的某個亮點。

以這一點而言，女生B做得更好一些。她介紹自己的方式是拉近距離形成對比：「你好，聽說你是一位商業奇才。」張先生趕緊說：「哪裡算奇才，只是別人抬舉罷了。」她笑吟吟地說：「我對做生意也很有興趣，不過我更喜歡電子商務，我是一個商業學院剛畢業的學生。」

張先生對電子商務很有興趣，這樣他們就以電子商務為話題聊了起來。

在社交活動中，如果希望新結識的對象記住自己，做進一步溝通與交往，自我介紹時除姓名、單位、職務外，還可提及與對方某些熟人的關係或與對方相同的興趣愛好。

若在講座、報告、慶典、儀式等正規隆重的場合向出席人員介紹自己時，還應加一些適當的謙辭和敬語，如「各位來賓，大家好，我叫王偉晨，是南華大學的教師，今天向大家談談自己在工作研究上的一些心得，有不當的地方請給予指正」。

進行自我介紹，要簡潔、清晰，充滿自信，態度要自然、親切、隨和，語速要不快不慢，目光正視對方。在社交場合或工作聯絡時，自我介紹應該選擇適當的時間，當對方無興趣、無要求、心情不好，或正在休息、用餐、忙於處理事務時，切忌去打擾，以免尷尬。

在某些情況下，我們要向對方介紹自己，對方不一定會接受我們，而要做一些事來讓對方欣賞，卻又苦於找不到適當的機會。這時我們也可採取迂迴的技巧，讓對方在不知不覺中認識我們、接納我們。例如，「我認識一個人（我們自己），他能幫助你……」、「我知道有一個人的想法與你一樣……」

不管你有多少想與陌生人交談的話，最初的幾句是最重要的。不要小看這短短的開場白，它將決定此後你所說的每一句話的命運。對方將根據你給他們留下的第一印象來決定是否與你繼續溝通。因此，只有獨具匠心的開場白，以其新穎、奇趣、敏慧之美，才能給對方留下深刻印象。

人們在交際中既有明顯的個性心理，也有普遍的共性心理。如果我們能針對對方的心理切入交際活動，就可以獲得滿意的交際效果。人們的個性與共性心理有：稱許心理、成就心理、自炫心理、自信心理、共趣心理、尊敬心理、好奇心理、好勝心理，把滿足對方的心理需求作為交際的開場白，是我們成功結交陌生人的捷徑。

一第五章一

強化對方——恭維、認同、提問、傾聽

想要在很短的時間內結交陌生人，就需要我們能夠把雙方的交談持續地進行下去。交友成功的機會有多大，很大程度上取決於你的談話能力。能力強的人能把對方牢牢地吸引住，話說得讓人覺得舒服。能力不強的人，會把交談的過程變得索然無味，把本來想與我們結交的人趕走。

恭維恰到好處，偏則不可

我們都喜歡別人的恭維，並因此而感激。試想一下，當我們跟剛認識的人說：「你看起來怎麼有點像古天樂啊？」對方肯定要問：「是嗎？」這時我們再說：「是的，你的鼻子像他，又高又直。」對方是什麼心情？不用我說了吧！

在此，我們並沒有跟對方說他長得多帥氣，只是提了一下古天樂，對方立刻會有一種飄飄然的感覺：古天樂是個大帥哥，高挑身材濃眉大眼，輪廓分明、線條勻稱、生動的臉型，加上黝黑自然而結實的身體，渾身上下洋溢著青春的活力和男性特有的陽剛之美，我居然跟他長得像！

所謂恭維，是指出於討好對方的目的而去稱讚、頌揚。我們知道，自尊是人的需要之一。幾乎所有的人，都喜歡聽入情理的恭維話，就連一個幼兒也如此。你會發現所有的男人都喜歡人們恭維他的能力和財富，所有的女人都喜歡人們恭維她的美麗和溫柔。

阿丁喜歡寫作，腦子總是處於「工作」狀態，思考一些寫文章的事，一向顯得很深沉。在一個會議上，某君與阿丁搭起話來：「你的口才棒極了。我與你是同鄉啊，我經常讀你的文章哩，你堪稱我們家鄉的才子噢！」

阿丁聽了這樣的話備受鼓舞，對此君感到特別親切，兩人雖是一面之交，但一下子就成了無所不談的好朋友。

一般人認為恭維是貶義，但在社交場合，適當的恭維必不可少。俗話說：「金無足赤，人無完人。」現實生活中，適度的恭維是一種增進友誼、促進雙方共同進步的交際藝術。長他人志氣，就是長自己的志氣。因為你發掘了對方的長處，讓他感到光榮，進而對自己的長處更加愛惜，養成比目前更為優越的長處；對方也會反過來長你的志氣，讓你在榮譽中不斷前進。那種只見短處、不見長處，處處把他人看扁的人也不會正確對待自己的優缺點。可見，恭維絕不是卑下的行為。

紐約一份銷路極大的報紙，在它經濟版一欄中，刊登出一則篇幅很大的廣告——要徵求一位有特殊能力和經驗的人。斯維克頓投函指定的信箱去應徵。幾天後，他接到復函，約他面洽。在他去應徵訪問前，費了很多時間在華爾街盡力打聽，所有關於這家商業機構創辦人的生平事蹟。

在見面的時候，斯維克頓說：「我能進入像你這樣有成就的商業機構，使我感到十分自豪，聽說你在二十八年前開始創業的時候，除了一間屋子，一套桌椅和一個速記員以外，其他什麼都沒有，是不是真有這回事？」

幾乎每一個事業上有成就的人，都喜歡回憶早年刻苦的情形。眼前這位負責人，當然也不會例外。他談了很多有關他當初，如何用四百五十元現金和一股創業的意志，開設這項事業的經過。又如何克服困難，如何與失望奮鬥……逢星期、例假日都不休息，每天工作十二到十六小時，最後他是如何戰勝困難。直到現在，就連華爾街很有地位、身分的金融家，也都來向他請教。

這位負責人對自己的成就感到自豪，他簡單問了斯維克頓的經歷，隨後把一位副總經理請來，說：「我想這位先生，是我們要找的人。」

斯維克頓花費心思去探聽他未來上司過去的成就，表現出他對未來上司的關心，他適當的恭維又促使對方多多說話，使對方對斯維克頓留下了很好的印象。

適當的恭維對於我們結交陌生人會達到很大的作用。有些人認為恭維的名聲似乎不太好，大凡恭維者總會被視為阿諛奉承，一副諂媚相。尤其是心高氣盛的年輕人，對恭維心存看法。

一是認為有損人格；二是自視甚高，不屑於恭維；三是怕別人勝過自己，弄得相形見絀。

不過，正常交際中的恭維，不是胡亂吹捧，恭維也要得法，不能亂恭維。尤其是當著別人的面，我們對陌生人做一次不過火的恭維，對方心裡一定十分高興，他人也不會覺得你渲染過分。此外，在某君背後宣揚他的長處，使聽者產生良好印象，比當面恭維的效果更好。總有一天，某君也會投桃報李。如果你會寫文章，把它作為恭維的方法，更是無異於替人留名青史。

如果你是一個很難說出高級恭維話的人，就不必猶豫的使用那些「已經過了時的恭維話」：「我昨天見到了小李，她對我說你運作著一個了不起的資金籌措部門。」「我在網路上發現，你寫的那本書有好多人在看！」「你三十多歲時就成為一家公司的經理了？」

我們為什麼要這麼說？為了開始引出話題。請找出使話題開始的方式而不是令對方只能回答「謝謝」、「是」或「不是」。

需要注意的是，我們在恭維對方時要有一份誠摯的心意以及認真的態度，言辭會反映一個人的心理，因此有口無心，或者是說話輕率的態度，很容易被對方識破，而產生不愉快的感覺。在恭維對方的時候，也不可以講出與實際相差十萬八千里的話，恭維要坦誠，這樣就會超過一般奉承話的境界，成為真正誇讚別人的話，聽到對方的耳中，感覺自然和一般奉承話不同。

認同對方，增強對方的交談欲望

如果在聚會中看到一個很想認識的人，你怎樣去結交他？你在與陌生人交談時很愉快還是很沮喪？你知道為什麼跟對方交談時他卻沒有興趣？

一些人在與陌生人的交往中，會遇到如上所述的問題，這些人是否因為這些問題而苦惱萬分？不必盲目悲觀。我們告訴大家一個能與陌生人愉快相處的方式。

人際交往裡最關鍵的一點是「認同」，也就是人與人之間所有的關聯行為，比如，交談中的「我們是同行，都做銷售」，「我也是這樣認為的」，「的確，有些事情就是這樣有趣」……當我們說出這些話時，對方會認為我們是站在他這邊的，他的觀點、立場等，都與我們相同。這樣，我們與對方的共同點就多了起來，交談也就輕鬆愉快了。

小劉與小楊是一對好朋友。小劉很有人緣，他走到哪裡，就會給哪裡帶來生氣與活力。當別人講話時，他會全神貫注地傾聽，讓人感覺自他聽自己說話的那一刻起，自己的身分就比以前更加重要了。人們都喜歡接近他，願意與他在一起工作、學習和聊天。

一天，小劉與小楊坐在辦公室裡閒談。小楊向窗外望去，注意到他很討厭的一個人正在向他們走來。

「討厭的人過來了，我可不想碰到他。」小楊說著，想出去避開一下。

「為什麼？」小劉問。

小楊解釋說，他自從到這個部門以來，就覺得那個人不順眼。他跟別人說話時態度非常蠻橫，是一個沒有禮貌的傢伙。

小劉看著那個人說：「他看起來沒有那樣討人厭啊，至少不像你說的那樣。或許你想錯了，」他接著說，「或許是你逃避他。你這樣做，只是因為你討厭他。他可能也覺得你不喜歡他，因此他對你也就不那麼友善了。人們都喜歡那些喜歡自己的人，如果你對他表示好感，他就會以同樣的方式對待你，去跟他說說話吧！」

小楊半信半疑，想了一下後走到那個人面前，微笑著問他：「你好，看你裝扮，好像是剛休假回來？」那個人看著小楊，表現出十分驚奇的樣子：「你好你好，是啊，假期一結束，我馬上趕回來了。」「假期過得還愉快嗎？做我們這行的就是這樣，壓力很大，你應該在家休息兩天再過來也不遲啊！」「呵呵，壓力肯定有。聽說你這個月成交到了一個大客戶？恭喜你啊！」

小楊沒有想到的是，那個人完全不是他想像的那樣，還跟他交談很愉快。

小劉向小楊解釋原因：大多數年輕人都一樣，與人交際時總以自己的想法去衡量別人。每一次接觸，我們都擔心別人會如何看待自己，其實與此同時，別人也在擔心我們會如何看待他們。如果我們不去以自己的想法衡量對方，而是從對方角度考慮問題，認同對方，我們也會得到對方的認同。

哈佛大學校長查理斯‧伊里特博士是一個傑出的大學校長。一天，一個名叫克蘭頓的大學生到校長室申請一筆學生貸款，被批准了，克蘭頓萬分感激地向伊里特道謝。正要退出時，伊里特說：「有時間嗎？請再坐一會兒。」接著，克蘭頓十分驚奇地聽到校長說：「你在自己的房間裡親手做飯吃嗎？我上大學時也做過。我做過牛肉獅子頭，你做過沒有？如果煮得好，這可是很好吃的菜！」

接著，他又詳細地告訴克蘭頓怎樣挑選牛肉，怎樣用小火慢煮，怎樣切碎，然後……「你吃的東西必須有足夠的分量，才能保證身體的成長發育。」校長最後說。那一刻，克蘭頓的心情非常激動，原來校長也有這樣的經歷，真是太美妙了！

建構良好人際關係的重點，就是提高對方的「希望被認同存在」的自我重要感，因為任何人難免都會抱持「希望自己被別人關心」的欲求。

適時提問，探知對方的興趣

和陌生人交談，最忌諱的是我們自己口若懸河而對方沉默不語。所以，我們不光要打開自己的話匣子，還應該巧妙地打開對方的話匣子。打開對方話匣子的最好方法是提問。光是自己不斷地說話，是無法瞭解對方關心的問題的，所以讓對方多說話非常重要。

我們要善於提出一些問題，然後用心地傾聽對方的答覆。除了用心傾聽之外，還要不時地插入一些問題進一步詢問。掌握主導權，一步一步借題發揮，在詢問過程中漸漸瞭解對方關心的內容，而且以此為重點讓話題繼續進行。這樣一來，對方就會饒有興趣地侃侃而談，這是讓談話熱烈進行的秘訣。

比如說我們想結識一個醫生，我們對於醫學完全是門外漢，這時我們就可以用問的方法來打開局面。「近來患流感的人好像很多，你們大概又忙於替人打預防針了吧？」一個和時令或新聞有關的問題，同時又切近對方的工作，是最得體的。這樣一來，就可以與對方談下去。

我們可以談下去的內容很多，從流感談到環境衛生、談到ＳＡＲＳ、談到免疫力、談到中成藥……只要他不厭煩，我們可以一直讓他談下去。

如果遇到房地產經紀人，我們可以問他近來的房價走向；碰到家電業的人，則可請教他國產電器和日本電器的性能價格比較；碰到教師，則問他學校的情形。總之，問話是打開對方話匣子的最好方法。

問話需要注意的是，要問對方知道的，問對方最內行的事情。如果我們不確定對方能否回答，那麼還是以不問為好。例如，問一個醫生「去年本市患Ａ肝的病人有多少？」這是不容易回答的。要是對方的答語是「不知道」，不僅使答者有傷體面，而且會讓雙方都感到沒趣，因此要盡量迴避這樣的提問。

其次，有關宗教及政治的觀點要慎重提問，除非對方是一個專家或權威人物。因為普通人對宗教與政治各有各的立場和見解，他也不知道我們有什麼用意，也不知道我們有無成見。聰明的人一般不會明確地答覆這種問題，所以不問為好。

有些問題在我們得不到圓滿的答覆時，可以再繼續問下去，但有些問題問過以後就不宜再問。比方說，我們問對方住在哪裡，如果他說「在信義區」或者說「在大安區」，那麼我們就不宜再問某街某號。如果他樂意讓我們知道，他一定會主動詳細地說出來，而且最後還會補上請我們光臨的客氣話。舉一反三，其他諸如此類的問題也是一樣，適可而止，以免誤事。

此外，在日常交際中還要注意，不可問別人東西的價錢，不可問女士的年齡（除非她是六十歲左右的），不可問別人的收入多少，不可詳問別人的家庭情況，不可問別人用錢的方法，不可問別人工作上的秘密，如企業股票上市價格等一些商業機密等。

對方不知道或不願讓別人知道的事情，都應該避免發問。問話的目的是引起兩方談話的興趣，而不是使任何一方沒趣。如果我們的提問能使答者滔滔不絕、十分盡興，便是問話的最高本領。

接下來，我們來談談發問的技巧。

問話是表示虛心，表示謙遜，同時也是表示尊重對方。「幫我把信寄了」就遠不如說「能不能幫忙寄一封信」，後者使人聽了覺得舒服。

同樣，對某件事情不明白，就不妨請教別人，自作聰明是最吃虧的。一句坦白的、求教於人的問話，最能博得別人的歡心。

可是怎樣提問？問話的方法有很多種，收效各有高低。高明的問法使人心中喜悅，而愚蠢的問話則會使對方失笑甚至反感。

問話的方法是值得研究的。有些早餐店因為一些客人喜歡在喝熱豆漿時放個雞蛋，所以服務生在客人點豆漿時必問一句：「要不要加雞蛋？」這時，就不應問「要不要加雞蛋？」而應問「要一個還是兩個雞蛋？」

在溝通中的問話，最重要的是語氣要溫和，態度要謙恭。有些問話不可自己先表明自己的意見，與其問「你很討厭他嗎？」或「你很喜歡他嗎？」不如問「你對他的印象怎樣？」但有些卻不妨先裝成有「成見」。比如對一個六十歲左右的老者問：「你今年也就六十歲吧？」比問「你老今年高齡？」要好得多。

問話的奧妙千變萬化。這裡我們只簡單地舉幾個例子，主要是靠你自己去揣摩，因人、因地、因事而靈活運用。你一旦掌握了聰明、輕鬆打開話匣子的能力，你的人脈關係網就會至少比現在擴大一倍。

善於傾聽，表現我們的禮貌與智慧

每個人可能都會有過這樣的經歷，當你正在興致勃勃地給人家口若懸河地訴說時，會被對方不經意的表情、手勢或言語給打斷了，這時候肯定有一種很沮喪的感覺，同時也會在心裡對對方產生反感的情緒。

心理學研究顯示，人在內心深處，都有一種渴望得到別人尊重的願望。這一點，對於我們與陌生人之間的瞭解很重要。善不善於傾聽，不僅表現一個人的道德修養程度，而且關係到能否與對方建立一種正常和諧的人際關係。缺乏傾聽不光會讓我們顯得無知、無禮貌，往往還會導致錯失良機。

一位顧客來跟喬・吉拉德商談買車事宜，喬・吉拉德向他推薦了一種新型車，一切進行順利，眼看就要成交了，但是對方突然決定不買了。

喬・吉拉德百思不得其解，夜深了還是忍不住打電話給那位顧客探明原因，誰知顧客回答：「今天下午為什麼不用心聽我說話？就在簽字之前，我提到我的兒子即將進入密西根大學就讀，我還跟你說他的運動成績和將來的抱負，我以他為榮，可是你根本沒有聽我說這些話！你寧願聽另一位推銷員說笑話，根本不在乎我說什麼！我不願意從一個不尊重我的人手裡買東西！」

教育家卡內基說：「做一個聽眾往往比做一個演講者更重要。專心聽他人講話，是我們給予他的最大尊重、呵護和讚美。」每個人都認為自己的聲音是最重要的、最動聽的，並且每個人都有迫不及待地表達自己的願望。在這種情況下，友善的傾聽者自然成為最受歡迎的人。

德懷特・莫羅是一名剛剛出道的外交家，受柯立芝總統之命出任墨西哥大使。「這是一件很困難的差使，」布魯斯・巴頓說，「墨西哥是美國手上最敏感的一個問題，到那裡去做大使是很麻煩的一件事。」

有鑑於此，對莫羅而言，第一次拜見墨西哥總統卡爾士的表現，是具有歷史意義的。如何給墨西哥總統留下一個良好的印象？

在這樣的緊要關頭，莫羅運用了一個策略。

莫羅絕口不提起那些應當由大使來負責談判的嚴重問題。他只是稱讚廚師的廚藝，還多吃了幾塊餅，點著了一支雪茄，請卡爾士總統給他講一些墨西哥的情形，內閣對於國家的希望如何？總統所想做的是哪些事情？他對將來有什麼看法？

卡爾士發表意見時，他在一旁全神貫注地聽。

第二天，卡爾士總統對一個朋友說，莫羅才是真正會說話的大使。

卡爾士總統的這句話，讓情緒緊張的墨西哥人、焦急不安的美國人，都鬆了一口氣。

初出茅廬的莫羅如此輕易地折服了卡爾士總統，並非採用了什麼特別的策略，只不過讓卡爾士總統發表意見，自己洗耳恭聽罷了。

很多人認為，傾聽不過是一種最基本的溝通手段而已。事實並非如此簡單，傾聽不僅是一種溝通的手段，更是一種禮貌，是尊重說話者的一種表現，是對說話者的最好的恭維。專注傾聽對方說話，可以使對方在心理上得到極大的滿足。

這正是莫羅成功的秘訣。透過傾聽，無形之中，他顯示了自己對卡爾士總統的尊崇，讓卡爾士總統感受到了充分的尊重。

人人都渴望得到他人的尊重，沒有誰會拒絕耐心而專注地聽自己說話的人。當你想贏得陌生人的好感時，不要試圖多「說」而要多「聽」。

在一家首飾店，一位夫人花了幾個小時挑選戒指，結果批評的意見提了不少，戒指卻一只也沒看上。她不僅不停地指使銷售員拿這個、拿那個，還當著其他顧客的面滔滔不絕地發了一通「這只戒指的成色太差」、「這只戒指的定價不合理」之類的牢騷。

銷售員試圖向這位夫人解釋，但招來的只是更多的抱怨。

這時，首飾店老闆來到了大廳，看到滿腹牢騷的夫人，他並沒有做什麼，而是像一個聽話的小學生一樣，一直站在旁邊聽夫人發表「高論」，一聲都沒有吭。

直到那位夫人說完了，這位老闆才緩緩地說：「看得出，你對戒指是有研究的，對不起，請你等一會兒。」

然後，他讓售貨員取出一只價格不菲的戒指擺在夫人面前，說：「我想，這只戒指最能襯托出你的高貴氣質。」

那位老夫人聽到這句話，半信半疑地把戒指戴上。的確，大小、顏色都與她挺相配。

結果，夫人滿意地說：「這副戒指好像是專門為我訂做的。」最後，高興地付帳離開。

其實，那位老闆最後拿出的那戒指，實際上是那位夫人早就試過卻又下不了決心購買的。

也許，這位夫人已經看了好幾家珠寶店，可就是下不了決心，因為沒有人懂得她的心，也沒有人有耐心聽她抱怨，更沒有人能在她抱怨後，適時地給她一個建議。

這位老闆瞭解顧客的心理，知道她需要的是傾聽、尊重與肯定，於是，他投其所好，沒花多少時間，沒說兩句話，就說服了挑剔的顧客。

回想一下這位老闆是如何做的：首先傾聽：默不作聲，讓顧客說個夠；然後表示肯定，恭維對方「看得出，你對戒指是有研究的」；最後給出建議「這只戒指最能襯托你的高貴氣質。」

不論是誰，不論何等的挑剔，如果他能夠感受到他人的尊重與肯定，比如自己的牢騷有人傾聽，自己的想法有人理解，心理就會感到滿足，所有的不滿、不平、反感等消極情緒，就會慢慢消失。到最後就變得並不是那麼堅持自己的主張，也比較容易接受對方的意見。

結交陌生人關鍵在於如何與對方展開徹底的溝通，我們溝通的目的又在於，讓對方不知不覺地、心情舒暢地接受我們，把我們當成他們的朋友，其中就需要很多的技巧。

無論是適當恭維、認同對方，還是注意傾聽、多向對方提問，我們都想達到一個目的，盡量以對方為中心。在對方興致盎然的同時，我們收穫了友誼。

一第六章一

把握關鍵——在交談中，找出立足點

每個人在說話的時候都是有一定目的，在與陌生人的談話中，他的語言習慣與特點會透露出什麼資訊？他為什麼要提這個問題？他為什麼總說這個詞語？他說這句話是他的本意嗎？有沒有什麼話外音？找出對方要表達的意思，我們就可以採取相應的對策。

捕捉說話者的真正意圖

在與陌生人的交談中，正確地理解對方談話的意圖是非常重要的一件事。因為在人際溝通中，有很多現象是隱藏的，比如對方講話含蓄，不直接告訴我們，而是採用迂迴策略，拐著彎暗示，就需要我們有較強的理解能力。

理解能力對於人際交往而言，是一個重要的前提條件。假如不具備一定的理解力，不明白對方的意思，其餘一切溝通都無從談起。如果我們的猜測不準確的話，還很容易產生誤會。

有一天，一個中年男人到一家零售店裡買刮鬍刀。「先生，」店員很有禮貌地說，「你想要好一點的，還是要普通一點的？」「當然是要好的，」顧客有點不高興地說，「不好的東西誰要？」

店員就把最好的一種刮鬍刀拿出來。

「這是最好的嗎？」「是的，而且是牌子最老的一種。」「多少錢？」「一千元。」「什麼？為什麼這樣貴？我聽說，最好的才七百多元。」「五百多元的我們也有，但那不是最好的。」「可是，也不至於差這麼多錢呀！」「差得並不多，還有幾十元一個的。」

那位顧客一聽，面露不悅之色，掉頭想離去。這時店老闆急忙趕了過去。「先生，你想買刮鬍刀是不是？我來介紹一種好產品給你。」「什麼樣的？」

老闆拿出另一種牌子，說：「就是這一種，請你看一看，樣式還不錯吧？」「多少錢？」「五百元。」「照你店員剛才的說法，這不是最好的，我不要。」「我這位店員剛才沒有說清楚，刮鬍刀有好幾種牌子，每種牌子都有不同的型號，我剛拿出的這一種，是這個牌子中最好的。」「可是，為什麼與那種牌子差那麼多錢？」「這是因為製造成本的關係，你知道，每種品牌的機器構造不一樣，所用材料也不同，所以在價格上會有出入。至於那種品牌的價錢高，主要還是它的牌子老，信譽好，而且它可以更換充電池，適合在外旅行時用。」

顧客痛快地買下了這個刮鬍刀，愉快地離開了。

有人很奇怪，為什麼顧客買了老闆拿出的刮鬍刀？

這是因為，店員錯在沒有摸清顧客的真正心理。他一進門就要最好的，這表示他優越感很強，可是一聽價錢，他嫌太貴，這可能與他的經濟實力有關。顧客把毛病推到店家頭上，是因為他不肯承認自己捨不得買。

老闆明白顧客的心理，在不損傷他優越感的情形下，讓他買了一種較便宜的產品。

這位老闆之所以銷售成功就在於他善於傾聽，能從對方的談話中巧妙地聽出對方的弦外之音，打探出對方的虛實，進而達到自己的目的。

為了正確地理解說話者表達的意圖，我們必須弄清雙方所討論主題的傾向。我們不必改變自己的觀點，但是我們要能衡量並瞭解對方的觀點。有時候，我們只是聽到開始幾句話，就可以得出對方「同意」、「友好」、「敵對」、「無關緊要」等意思。我們應該認真傾聽，衡量對方的觀點，然後在做出判斷之前想想是否符合事實並小心分析，這樣才不至於把對方的真正意圖理解錯誤。

從口頭禪窺探他的內心世界

一位知名的人類行為學家曾經說：「人類有兩種表情，一種是臉上呈現的表情，另一種是說話時傳達給對方的資訊。」可見，語言是人類的第二表情。語庫中提用率和重複率較高的口頭禪，就是心靈的摩斯密碼，具有某種心理投射功能，在一定程度上揭示說話者的內心世界。

有一天，大家都在忙手頭的事，小張在網路上看八卦新聞，看著看著，又說出他那句口頭禪「憑什麼呀」，有人以為網路上又有新的消息，趕緊靠過去看，沒想到是小張電腦當機了。其實，以為又有了什麼消息的人就不明白小張這句話只是一個口頭禪，表達的意思是：事情不該是這樣的，但卻這樣發生了。

小張之所以有這樣的口頭禪，是看不慣那些與意願相悖的事，並以重複出現的這句口頭禪來鳴不平，抒解鬱悶。由此可見，口頭禪是人潛意識的條件反射，是人在不經意間透露的個人資訊和個人性格。它是人內心對事物的一種看法，是外界的資訊經過內心的心理加工，形成的一種固定的語言反應模式，以至於出現類似的情形時，它就會脫口而出。

「真是的」、「煩死了」、「有沒有搞錯」……日常生活中，這些口頭禪時常灌進我們的耳朵，有的口頭禪表現得比較主觀、驕傲；相反的，有的口頭禪則委婉、謙虛。那麼，掛在嘴邊的口頭禪到底反映了人們什麼樣的心理？心理學專家為我們這樣解釋口頭禪：口頭禪是人內心對事物的一種看法，是外界的資訊經過內心的心理加工，形成的一種固定的語言反應模式，以至於出現類似的情形時，它就會脫口而出。

小王去見一個客戶，想讓他買一套公司的辦公設備。到了客戶家裡以後，兩個人先說了一會兒話。在說話的過程中，小王發現，對方說話的時候，每隔兩三句就帶出一個詞「聽說」，比如「你是坐公車來的，不過我聽說……」「我也想出去旅遊，但是聽說……」由此小王判斷出對方之所以用此類口頭禪，是給自己留有餘地的心理形成的。這種人的見識雖廣，決斷力卻不夠。於是小王對客戶說：「我們公司這套設備綜合了很多大師設計的優點，在同行業中處於領先地位，而且價格也很合理。從你的言語中，我看出你是一個見多識廣的人，因此我不可能騙你。這樣吧，我給你一個八折的優惠。」

客戶聽小王這樣一說，猶豫了一下。小王馬上說：「用了這套設備，保證你提高效率，時間就是金錢啊！這樣吧，明天我就給你送過來吧！」

客戶說：「好吧，我相信你。」

小王抓住客戶「見多識廣」、「猶豫不決」這兩點進行說服，首先介紹產品優點，然後誇讚對方見多識廣、不會受騙，最後果斷做出決定，終於讓客戶買下了產品。

其實，人們口頭禪的形成無外乎兩個原因：重大事件對人的影響和累積效應的結果。比如家庭對人潛移默化的影響，累積起來就形成了口頭禪，又比如同儕團體間流行的話語……口頭禪不僅源於生活，而且影響生活：積極的口頭禪可以讓人奮進，比如「我能」、「真好」等，而有些口頭禪則帶有消極的意味，如「真掃興」、「我太倒楣了」等。

從對方的口頭禪中，我們大致可以瞭解他的性格特點，比如「說真的」、「老實說」、「的確」、「不騙你」，這樣的人有一種擔心對方誤解自己的心理，因此性格有些急躁，內心常有不平。他會十分在意對方對自己所陳述事件的評價，所以一再強調事情的真實性，更多希望的是自己在團體中可以被認可，並得到很多朋友的信賴。

又如「可能是吧」、「或許是吧」、「大概是吧」，說這種口頭禪的人，自我防衛本能甚強，不太會將內心的想法完全暴露出來。在處事待人方面很冷靜，所以工作和人事關係都不錯，此類口語也有以退為進的含義。

「但是」、「不過」等口頭禪，是為保護自己而使用的，也顯示了其溫和的特點，它顯得委婉、沒有斷然的意味。

言語特點暴露他的內心

每個人說話都有自己的特點，巧妙地分析對方談話的口氣、速度、聲調，探究對方的內心正在想些什麼，這是我們能夠與陌生人深入溝通的要點。

在現代社會中，人際關係就猶如空氣一般，誰也脫離不開這張巨網，但是光靠廣泛的交際，無法建立良好的人際關係，你必須用心瞭解誰才是值得你用心交往的對象，然後加糖加鹽，讓彼此的關係更親密。

在和別人交往的過程中，其實僅僅從談吐方式、遣詞用字方面，就可以窺視對方的內心狀況，明瞭自己應該如何應對。

袁紹樹起反董卓的大旗後，郭嘉去投靠袁紹。袁紹對他很敬重，待他如上賓。但是不久，他就看出袁紹靠不住。他對袁紹的另一個謀士郭圖說：「袁紹表面上效仿周公禮賢下士，但是他說話沒有重點，而且把家事經常掛在嘴上；喜歡讓大家獻策，但他總說讓我再想想，不能做決斷。這樣的人成不了大事。」不久，郭嘉果斷地離開袁紹，投奔了曹操。

曹操親自考察郭嘉，問他：「你說我能打敗袁紹嗎？」郭嘉說：「袁紹有十敗，你有十勝。」接著，他詳細分析了袁紹的十大弱點，曹操的十大優勢，頭頭是道，有理有據，說得曹操心服口服，最後還建議應先攻打呂布，然後逐步擴大地盤，壯大自己。

曹操馬上說：「就依先生所言。使我成就大業者就是你啊，你正是我要找的謀士！」郭嘉也說：「你也正是我要找的明主。」

在此，我們可以分析一下，袁紹說話沒重點，喜歡談論家事，沒有決斷，證明他胸無大志，成不了大事。曹操言簡意賅，對郭嘉的建議馬上採納，證明他做事果斷，不拖泥帶水，而且會說恭維話，讓郭嘉死心塌地，因此可成大事。郭嘉言談中聽出了曹操為人爽快，因此自己也無所顧忌，該說什麼就說什麼。

所以說，一個人說話的速度、口氣，就是我們探知對方深層心理意識的關鍵。當然，說話的聲調也是不可忽視的要點。

有些人說話粗俗下流，有些人說話謙恭有禮、有條不紊，有些人說話內容豐富真實，也有人一派胡言，或內容空洞、不知所云。總之，人說話的時候，就可以反映出他究竟擁有什麼內涵。

高貴優雅、氣度非凡的人說話溫和流暢，表示他們常用文雅的應酬用語。然而，這類人應分為兩種，一種人是表裡如一，一種人是口是心非。

後者很多是外表高尚而內心醜惡的人，他們不願被對方察覺自己極力掩飾著的目的，所以才使用文雅的口氣說話。

相反的，談吐粗俗的人顯得比較單純。這種類型的人，無論對上司或部下，對同性或異性，都不改其談吐方式，喜歡就喜歡到底，討厭也討厭到底。

此外，在初次見面的情況下，這種人的好惡表現也相當明顯，不是表現得很不耐煩，就是親熱若多年摯友。

聽懂對方的言外之意

我們跟初次見面的人說話交流時有一種情況非常令人尷尬，那就是說者有心，聽者無意。一方費盡心機，磨破口舌，另一方總是不明白對方真正的意思，結果是聽的著急，說的更著急，極度尷尬。當然，我們這裡所說的「意」，指的是「言外之意」。

毫無疑問，我們是需要「言外之意」的。畢竟在很多時候，我們說話不能太直接、太明瞭。比方說，批評人時不能傷了人的自尊；給上司提建議不能讓人覺得我們比上司能幹；面對別人的提問，我們有難言之隱，但也得讓人有個台階下；事情緊急，但涉及商業機密，只有我們的親信才能明白的「暗語」是最好的選擇……

相反的，我們也可以根據以上的提示來揣摩對方的言外之意，然後再決定我們應該怎樣說，以及應該說什麼。

想要聽得懂「言外之意」，自己必須首先是一個能夠熟練而巧妙地運用「言外之意」的人。

例如，如果我們是上司，在一個非正式的場合，我們的一個下屬說起他工作量大、任務重，平時加班也做不完……下屬的這些話意味著什麼？可能有些人認為下屬在叫苦，由此可能要說一番要吃苦耐勞、無私奉獻的客套話，還有以前的人們如何艱苦奮鬥的「故事」。

結果可想而知，那個下屬氣得七竅生煙，有可能憤然離去。

其實，這個下屬只是順便反映情況，讓長官知道他工作得辛苦，希望肯定和承認他在工作中的地位和作用。如果我們能體察其意，說些得體的安慰話，表示一下作為領導者對部下辛苦工作的關心和肯定，那位下屬肯定非常高興，而且有可能更加賣力地工作。

由此可見，瞭解說話者的意圖是何等重要。

「說者有心，聽者無意」是一種尷尬，「說得巧妙，聽得聰明」是一種藝術，其間的界限相差極為懸殊，看你怎麼理解，怎麼把握了。當然，首要的一點，是你千萬不能小看了它。

因此，聽話者要能聽出「字裡行間的意思」，也就是說，聽話者要對說話者的感覺產生反應，而不是對其話語。

有一天，一個婦女開著車到城裡，突然有一顆輪胎漏氣了。她停下車來，雖然她可以自己換輪胎，可是她希望有人停下來幫助她，因為她穿得很漂亮，要趕赴一場宴會。不久，一個年輕人停下車，並且走過來問：「車胎漏氣了嗎？」假如這個婦女聽到的僅僅是「語言文字」的內容，她可能會生氣，說出類似以下的話：「笨蛋！任何人一看都知道是車胎漏氣了！」如果她這樣回答的話，勢必會激怒那個熱心幫忙的年輕人，必須自己動手換車胎。然而，她很聰明地體會到年輕人話裡的意思是：「我知道你有麻煩，我能幫助你嗎？」所以，她點了點頭，得到年輕人的幫助，避免了自己換車胎的苦惱。

俗話說：「說話聽聲，鑼鼓聽音」，這個「聲」指的就是言外之意。同樣的話對於不同的人來說有不同的含義，因此在與陌生人交談時，我們要盡力揣摩對方話語中所隱含的意義，以做到應對自如。

一個人的語言會透露出他的性格特點和內心的想法。中國有句俗話，「說話聽聲，鑼鼓聽音」，仔細分析起來是有一定道理的。「說話聽聲，」是說不但要聽說話的表面意思，還要從中聽出弦外之音。也就是說，從說話上可以瞭解一個人的思辨能力、表達能力、工作能力、性格特點、思想意識等多方面素質。

學會察言觀色，我們就可以知道陌生人跟我們交談時要表達的意思，我們可以採取相應的措施來應對。

第七章

觸動內心——掌握打動人心的溝通方式

語言是雙方資訊溝通的橋樑，是雙方思想感情交流的管道，語言交際在我們與陌生人的交往中佔據著重要位置。因此，學會語言的使用技巧，掌握有力的溝通方式，是我們能夠把陌生人變成朋友的有利工具。溝通方式有很多種，如恰當地稱呼對方、幽默的談吐、真誠地讚美、多替對方著想……要根據不同的情況合理使用不同的方式，才能達到我們的目的。

態度謙虛，是獲得對方好感的利器

謙虛是人類的美德，對於人際交往很重要。一個人對自己應該有個客觀的評價，實事求是，不貶低自己，也不抬高自己；既能堅持正確的觀點，又能虛心向別人請教。謙虛的人在交際應酬場合總是有許多朋友的，只有謙虛的人才能成為社會交往中受歡迎的人。

法國哲學家洛希夫克曾經這樣說：「如果你想得到仇人，你就勝過對方；如果想獲得更多的朋友，就讓對方勝過你。」

這應該如何解釋？因為當對方勝過我們時，那就滿足了他的自重感。可是我們勝過對方時，就會使他有種自卑的感覺，並會引起猜疑和妒忌。

這句話可以成為我們結交陌生人時必須遵循的至理名言。

「胡慶餘堂」是紅頂商人胡雪巖畢生的心血。在世紀更迭、戰火紛飛的歲月中，無數金字招牌都未能倖免於難，而「胡慶餘堂」卻以胡雪巖提出的謙虛誠信支撐了下來。

一天，一位老農夫到「胡慶餘堂」買藥，微露不悅之色，還不停地抱怨。掌櫃的見老人是一個農夫，買的鹿茸也不多，就不耐煩地趕他走。

這一幕恰好被胡雪巖看到了。胡雪巖和顏悅色地問老人：「是不是本店有什麼招呼不周的地方？」

老人見胡雪巖談吐穿著不凡，知道是個管事的人，就說：「藥店的鹿茸切片放置時間太久，有些返潮，希望貴店不要提前將鹿茸切片，等有人來買時再切更好。」

掌櫃的一聽，辯解說「胡慶餘堂」賣的都是上等鹿茸，並且威脅老農夫不要在店堂內胡說八道。

胡雪巖對掌櫃的擺了擺手說：「不要這樣對老人家。」然後又對老人說：「你的建議我們馬上就採納，你以後一定會買到好的鹿茸，這次的鹿茸我們不收錢，希望你下次還能到『胡慶餘堂』買藥。」當即下令鹿茸一概不得事先切片。

老農夫被胡雪巖的謙虛大度感動，逢人就誇「胡慶餘堂」貨真價實，每次進城都會給胡雪巖送些土產，兩人遂成了忘年之交。

胡雪巖的謙和不僅沒有失掉藥店的聲譽，反而讓他贏得了老農夫對「胡慶餘堂」的信任，他一生結識了很多這樣的朋友。胡雪巖常對人說：「我一無所有，有的只是朋友。」朋友們都非常信任胡雪巖，信任「胡慶餘堂」，百年老店就是在信任中傳承到如今。

謙虛的人恪守的是一種平衡關係，即是使周圍的人在對自己的認同上，達到一種心理上的平衡，讓別人不感到卑下和失落，非但如此，有時還能讓別人感到高貴，感到比其他人強，即產生任何人都希望能獲得的所謂優越感。

尤其是處於現在這個講求合作的社會，一個人光靠個人力量往往是不夠的，再能幹的人，也有束手無策的時候。如果我們多結交一些朋友，他們就可以幫我們解決很多難題，而贏得對方信任最簡單可行的辦法就是謙虛。

二〇〇八年，美國總統大選如火如荼地進行，兩大黨派針鋒相對，歐巴馬和麥凱恩被推到了政治的風口浪尖。

當兩個候選人為了誰更合適當總統，爭論得熱火朝天時，有些人卻在處心積慮地想找到讓歐巴馬顏面掃地的故事，想讓他敗在自己過去不良的行為上。

可是，歐巴馬生活中謙虛謹慎，工作中公正稱職，身邊的人都喜歡他，他已經贏得了大量精英支持者。於是，對手陣營就在歐巴馬的一次違規停車上做起了文章，指責他不是一個奉公守法的好市民，哪堪一國之重負？

此時，獲諾貝爾獎的貝克教授站出來說：「多數情形，人們犯規甚至犯法，並不是因為當事人很壞，是個壞蛋。相反的，那完全是理性選擇的結果。」

貝克教授用自己的權威成功為歐巴馬解圍，讓歐巴馬很意外，因為他完全不認識貝克教授。接著，貝克教授對媒體講了一個故事：一天，歐巴馬去紐約市主持一個會議，因為塞車眼看就要遲到了，和他一起到達停車場的是個老人，他們幾乎同時看到了這個唯一的車位。

老人說：「年輕人，你的工作更重要，你先停吧！」歐巴馬將車退出來，做了一個手勢讓老人停進去，「我沒有什麼重要的事情，還是你先停吧！」於是，為了開會不遲到，歐巴馬只能將車停在外面，並且接受罰單。要說明的是，這個歐巴馬讓車位給他的老人就是貝克教授。

如果歐巴馬毫不謙虛地認為自己在做的事才是最重要的，而去爭奪這個車位，那他就永遠也得不到貝克教授的聲援。

事實上，即使是朋友，也寧願談論他們自己的成就而不願聽我們吹噓自己的成就。所以不要時時向他人誇大自己的成就，我們要謙遜，這樣永遠能使人喜歡。

恰當地稱呼對方，表現禮貌的禮儀

面對陌生人，出於禮貌，我們總要以一定的稱呼來跟對方交談，正確、適當的稱呼，不僅反映自身的教養、對對方尊重的程度，甚至還表現雙方關係達到的程度和社會風尚。不過要注意合乎常規、入鄉隨俗這兩個特點。

此外，應該對生活中的稱呼、工作中的稱呼、外交中的稱呼認真區別，對稱呼的禁忌細心掌握。

行政職務。它是在較為正式的官方活動，如政府活動、公司活動、學術活動等活動中使用的，如「李局長」、「王總經理」、「劉董事長」……

技術職稱。如「李總工程師」、「王會計師」等。稱技術職稱，說明被稱呼者是該領域內的權威人士或專家，暗示他在這個方面是說話算數的。

學術頭銜。這跟技術職稱不完全一樣，這類稱呼實際上是表示他們在專業技術方面的造詣如何，如「教授」、「法官」、「律師」、「醫生」、「博士」。

行業稱呼。如：「警察先生」、「護士小姐」等等。在不知道人家職務、職稱等具體情況時可採用行業稱呼。

泛尊稱。它是指對社會各界人士在較為廣泛的社交面中都可以使用的表示尊重的稱呼。比如「小姐」、「夫人」、「先生」等。在不知道對方姓名及其他情況（如職務、職稱、行業）時可採用泛尊稱。

此外，還有一些稱呼在人際交往中可以採用，比如可以使用表示親屬關係的愛稱，如「叔叔」、「阿姨」等。你這樣稱呼人家，並不意味著他（她）就一定是你的親叔叔、親阿姨。

國際交往中，因為國情、民族、宗教、文化背景的不同，稱呼就顯得千差萬別。一是要掌握一般性規律，二是要注意國別差異。

在英國、美國、加拿大、澳大利亞、紐西蘭等講英語的國家裡，姓名一般有兩個部分構成，通常名字在前，姓氏在後。對於關係密切的，不論輩分可以直呼其名而不稱姓。比如，俄羅斯人的姓名有本名、父名和姓氏三個部分。婦女的姓名婚前使用父姓，婚後用夫姓，本名和父名通常不變。

日本人的姓名排列和我們一樣，不同的是姓名字數較多。日本婦女婚前使用父姓，婚後使用夫姓，本名不變。

在我們與陌生人交談時要特別注意，稱呼應當親切、自然、準確、合理，不可肆意為之，大而化之。在使用稱呼時，一定要迴避以下幾種錯誤的做法。其共同的特徵，是失敬於人。

無稱呼。就是不稱呼別人就沒頭沒腦地跟人家搭訕、談話。這種做法要麼令人不滿，要麼會引起誤會，所以要力戒。

替代性稱呼。就是非常規的代替正規性稱呼的稱呼。比如醫院裡的護士喊床號「十一床」，服務行業稱呼顧客「幾號」、「下一個」等，這是很不禮貌的行為。

不適當的簡稱。比如叫「王局（長）」、「李處（長）」，一般不易引起誤會；但如果叫「王校（長）」、「李排（長）」，就容易產生誤會。

錯誤的稱呼。常見的錯誤稱呼無非就是誤讀或誤會。誤讀也就是念錯姓名。為了避免這種情況的發生，對於不認識的字，事先要有所準備；如果是臨時遇到，就要謙虛請教。誤會，主要是對被稱呼的年紀、輩分、婚否以及與其他人的關係做出錯誤判斷。比如，將未婚婦女稱為「夫人」，就屬於誤會。相對年輕的女性，都可以稱為「小姐」，這樣對方也樂意聽。

庸俗的稱呼。有些稱呼在正式場合不適合使用。例如，「兄弟」、「哥兒們」等一類的稱呼，雖然聽起來親切，但顯得檔次不高。

總之，稱呼是交際之始，交際之先。慎用稱呼、巧用稱呼、善用稱呼，將使你贏得別人的好感，將有助於你的人際溝通自此開始順暢地進行。

投其所好，滿足對方的心理需求

滿足別人的心理需求達到自己的目標，是人際交往中最重要的一個原則，尤其在面對陌生人時，一開始就說一些對方感興趣的話是一種很重要的溝通技巧。我們在與對方交談之前，先側面打探一下他喜歡什麼，擅長什麼，或者留心對方與別人交談的話題，找出對方對什麼感興趣，這樣跟他交談的時候，他就會覺得你是一個瞭解他的人，產生一種被尊重的感覺，他自然就會很樂意與你交往了。

日本作家多湖輝所著的《語言心理戰》一書中，記述了一件趣事：

被譽為「銷售權威」的霍依拉先生的交際訣竅是：初次交談一定要揚人之長避人之短。有一回，為了替報社拉廣告，他拜訪了梅伊百貨公司總經理。寒暄之後，霍依拉突然發問：「你是在哪裡學會開飛機的？總經理能開飛機可真不簡單啊！」

話音剛落，總經理興奮異常，談興勃發，廣告之事當然不在話下，霍依拉還被總經理熱情地邀請去乘他的私人飛機！

人人都有長處，也都有短處。人們一般都希望別人多談自己的長處，不希望別人多談自己的短處，這是人之常情。跟初交者交談時，如果以直接或間接的方式以對方的長處作為開場白，或者是以對方感興趣的事情作為開場白，就可以使對方高興，對你產生好感，交談的積極性也就得到極大激發。

一次，美國華盛頓黑人市長在北京舉行答謝宴會，席間服務生端上一盤點心，彬彬有禮地介紹：「慈禧太后夜裡夢見吃肉末燒餅，第二天早上碰巧廚師為她準備的正是肉末燒餅，她高興極了，認為這正是心想事成、吉祥如意的象徵。今天各位吃的就是當年慈禧太后『夢寐以求』的肉末燒餅，願大家今後事事如意、步步吉祥……」一席話把美國客人逗樂了。華盛頓市長高興地敬了服務生一杯酒，說：「下次來北京，希望再來你們這裡做客！」

心理學家亞伯拉罕・馬斯洛把人類的需要看成是有等級層次的，從最低級的需要逐級向最高級的需要發展。在這些需求中，有兩點很值得我們注意：第一是歸屬或取得他人承認的需要，也稱為愛的需要或社會需要，人需要有所歸屬，並為別人所承認；第二是尊重的需要，它包括對成就或自我價值的個人感覺以及他人對自己的認可與尊重。

開場白中的「投其所好」就是利用這兩點，讓我們達到結交陌生人的目的。

某企業準備開立分公司，一天，公司總經理正在辦公，傢俱公司的李經理上門推銷坐椅。一進門便說：「哇！好氣派。我很少見過這麼漂亮的辦公室，如果我也有一間這樣的辦公室，我這一生的心願就滿足了。」李經理就這樣開始了他的談話。然後他又摸了摸辦公椅扶手說：「這不是香山紅木嗎？難得一見的上等木料。」

「是嗎？」王經理的自豪感油然而生，親自帶著李經理參觀了整個辦公室，介紹了計算比例、裝修材料、色彩調配，興致勃勃，滿足之盛，溢於言表。

如此，李經理自然可以拿到王經理簽字的訂購合約，互相都得到一種滿足。

李經理沒有直接讚賞王經理有品味、有見地，只是說起了王經理辦公室的豪華氣派，令對方倍感自豪，興致大發，於是拉近了與陌生人之間的感情。

「投其所好」，原意是為達到某種目的而迎合對方的愛好，即透過滿足對方心理需求這一手段達到彼此相通的目的。事實證明，與陌生人多說些他喜好的話題，很容易使人產生理解和共鳴，繼而就會帶來諒解和愉快的合作；反之，則會產生排斥和拒絕。要使對方從消極到積極、從拒絕到合作，就要積極進行引導、啟發。「投其所好」正是產生這樣一種效果的方法。

幽默，是增進友誼的潤滑劑

幽默是思想、智慧、靈感在語言運用中的結晶，也是一種良好修養的象徵。幽默總是與智慧和愛心結伴同行的，每一個具有幽默感的人都有隨和親切的性情、寬廣的心胸以及洞察一切的機靈。

在我們與陌生人的溝通中，幽默的作用是不可低估的，它是提高人的大腦及整個神經系統的張力和充分發揮潛力的重要條件。恰到好處的幽默可以活躍雙方交談的氣氛，能使對方感到輕鬆和愉快，使溝通效果更趨完美。

而且，如果雙方有一點摩擦時，那些缺少幽默感的人才會把事情弄得越來越僵，幽默者卻能使一切變得輕鬆而自然。

有一個故事談到，發現餐廳侍者送上來的一杯啤酒裡有隻蒼蠅時，不同國家的人會做出的不同反應。英國人以紳士的風度吩咐侍者：「換一杯啤酒來！」日本人令侍者去叫餐廳經理來訓斥一番：「你們就是這樣做生意的嗎？」雖然侍者會給他們換，然而心裡很不情願。對此，美國人會說：「以後請把啤酒和蒼蠅分開放，讓喜歡蒼蠅的客人自己混合，你看怎麼樣？」侍者笑了，馬上換了一杯。

這個故事雖然是虛構的，但卻具體地反映了幽默在溝通中所發揮的作用。

有一個主婦因為家中水管破裂，急告水電公司。可是修理工因故遲到了幾個小時，他非常抱歉，緊張地準備迎接一頓訓斥。可是那位主婦說：「沒什麼，等你的時候，我正好可以教孩子們學游泳。」

笑言之中，有深深的責備，更有博大的寬容。試想聽了這句話，修理工肯定會賣力地把水管修得又快又好。如果主婦換成一付抱怨或斥責的腔調，雖然有理，但效果則要差得多。

用風趣活潑的三言兩語掃除跟初交者交談時的拘束感和防衛心理，以活躍氣氛，增添對方的交談興致，這是爐火純青的交際藝術。

一個善於說笑與幽默的人，常給別人帶來無比的歡樂，也會在人際交往中增加魅力，備受大家歡迎。

一般來說，一個人在談吐中儀態自然優雅、機智詼諧、樂觀風趣、懂得自嘲、引人發笑，我們可以說他是個具有幽默感的人。在交談中能善用比喻，將有趣的故事導入主題，更能令人印象深刻。

第二次世界大戰將要結束期間，東西方的首腦在埃及首都開羅召開會議。

由於久居寒冷潮濕的英國，英國首相邱吉爾對於開羅乾燥又悶熱的氣候難以適應，幾乎整個白天的時光裡，邱吉爾都把自己泡在放滿冷水的浴缸中消暑。

當時，美國總統羅斯福與邱吉爾並不太熟，但為了一件重要的事，羅斯福必須與邱吉爾商量，於是他匆匆趕到邱吉爾的住處。邱吉爾的隨從從來不及擋駕，只好通報請邱吉爾著裝和美國總統會面。羅斯福直接闖進了大廳之中，他找不到邱吉爾，這時聽到旁邊一個小房間傳來邱吉爾的歌聲，羅斯福順著聲音找了過去，正好撞見躺在浴缸中一絲不掛的英國首相。

兩個大國的元首在如此尷尬的情況下見了面，羅斯福馬上開口道：「我有事急著找你，這下子可好了，我們真的坦誠相見了！」

邱吉爾也立即做出反應，他在浴缸中泰然自若地道：「總統先生，在這樣的情形下會面，你應該可以相信，我對你真的是毫無隱瞞的。」

隨即兩人大笑，一段愉快的交談開始了。

兩位偉大領袖人物的睿智對話，輕鬆地化解尷尬，並且讓後世傳為美談。從這個故事中，我們似乎也能夠體會到幽默的無比力量。的確，幽默的力量真的是無法估量的。大到故事中的兩個領袖交鋒，小至我們每天必須面對的人際關係，恰當得體的幽默感，絕對是化解衝突危機、增進雙方友誼最佳的潤滑劑。

在人際關係中，從來都是幽默者大顯身手的地方。一個人妙語連珠、談笑風生，很容易與對方接通感情的熱線。當人們發生誤會、摩擦、矛盾時，只有那些缺少幽默感的人，才會把事情弄得越來越僵；如果你具有一定的幽默感，就會機智而又有分寸地指出別人的缺點，在微笑中表明自己的觀點，誤會很快就被消除，問題得到緩和。可以說，幽默風趣是調節人際關係的調味料，是人與人交往中的潤滑劑。

不過要注意，做任何事情都有一個「度」的問題，幽默也是如此。場合、對象都是必須考慮的客觀因素，許多人有過這樣的體會：同一個玩笑，你可以與甲開，卻不能對乙也這樣；或是在某場合可以說，而在其他場合卻不行。尤其是對於初識的人或長輩，幽默一定要慎用，否則很容易讓人感到似乎是一種突然到來的親切或唐突，或者會認為是在賣弄聰明與笑料。有時，幽默過了頭，變成一種取笑和譏諷，就更糟了。

真誠地讚美，是讓對方愉快接受我們的催化劑

美國《幸福》雜誌下屬的名人研究會研究的結果顯示，人際關係的順暢是事業成功的最關鍵的因素，讚美別人是處世交際最關鍵的課程，因此如果你懂得如何去讚美別人，再加上你聰明的頭腦，還有腳踏實地的精神，就等於事業成功了一半。

從很大意義上說，學會讚美他人是事業成功的階梯。事實也證明，把這個研究結果運用到我們結交陌生人的過程中，也會令雙方的關係大為改善。

一天，林肯去街頭散步，看到一個郵差正在綁紮郵袋，臉上的表情十分不耐煩。這樣年復一年地做著單調而重複的工作，想來誰都會厭倦。林肯對自己說：我一定要讓那個人喜歡我，最起碼，要幫他改變一下現在的心情。於是，他走上前去對那個人說：「真羨慕你，真希望有你這樣好看的栗色頭髮！」

那個人驚訝地抬起頭來看著林肯，臉上慢慢露出微笑：「不過，現在沒有以前好看了。」

他的聲音裡透著一些欣喜。很快，兩人愉快地交談了起來，最後走時，兩人似乎已經成了多年的老朋友。

後來，林肯在一次宴席上把這件事告訴一個外交官朋友，外交官很不以為然，問林肯：「你從他那裡得到什麼？」林肯笑道：「我給他好心情，他讓我在這個世界上少了一個陌生人，多了一個朋友。」

後來，林肯參加總統競選時，經常離家外出，一次，他突然收到一個陌生的電話，對方告訴他：「林肯先生，你的郵箱已經好幾天沒有清理了，快滿了，我怕小偷看到後知道你不在家，會打你的主意。所以我想先把你的郵件存放在郵局裡，你回來後我再給你送過去。」打來這個貼心電話的正是那個曾經被林肯稱讚過頭髮的郵差！

這就是林肯的交友原則，給他人帶來快樂。抓住一切機會，讓身邊盡量少一些陌生人，多一些朋友。一個下午的幾句閒聊，有可能會在意想不到的時候，帶給你雪中送炭的幫助！

真誠的、發自內心的讚美可以讓我們快速地獲得陌生人的好感，化解對方的疑慮、尷尬等。每個人都有自己的優點和成績，都希望獲得別人的肯定和讚美。有些優點和長處是與生俱來的，比如某人長得漂亮、智商很高等，因此對於別人優點和長處的肯定不僅不會貶低自己的位置，而且可以使旁人從中認識到我們具備的優良品格，進而獲得他人的讚許。

讚美別人，不單單是花言巧語、甜言蜜語，重要的是根據對方的文化修養、個性性格、心理需求、所處背景、角色關係、語言習慣乃至職業特點、性別年齡、個人經歷等不同因素，恰如其分地表揚或稱讚對方。

比如，要表述對社會嫉賢妒能現象的認識，如果對方是知識份子，可以說：「木秀於林，風必摧之；堆高於岸，流必湍之；行高於眾，人必非之。」但是這些話不能再照搬講給文化程度不高的聽眾，對他們可以說「槍打出頭鳥」、「出頭的椽子先爛」這樣的俗語，對方會更容易接受，講話才會有效果。講激勵人的話也是這個道理。

此外，還要看對方的個性性格。對方性格外向，活潑開朗，可以多讚美他，他會很自然地接受；如果對方比較內向、敏感、嚴肅，你過多地讚美他，會使其認為我們很輕浮、淺薄。因此，在讚揚對方時要注意這一點。

再有，每個人的需求不同，要迎合對方要求講讚美的話。一個不喜歡淑女型、個性鮮明、男孩子氣十足的女子，我們誇她如果長髮披肩、長裙搖曳，定會婀娜多姿、美麗迷人，她也許不會感激你，還有可能認為你多管閒事。如果瞭解她的心理，誇她的短髮看起來既精神又有活力，她一定會開心。

與不同性別的人講話，應該選擇不同的方式。對體胖的女子，說她又矮又胖，一定會令她反感；但如果我們誇她一點不胖，只是豐滿，她會得到幾分心理安慰，不會因為自己胖而自卑。對同樣體型的男子，說他矮胖子，他也許只是置之一笑。

此外，要注意對方的年齡特徵。若想打聽對方的年齡，對不同年齡層的人要採取不同問法。對小孩子可以直接問：「今年幾歲了？」對老年人則要說：「今年高壽？」對年齡相近的異性不可直接問，要試探著說：「你好像沒我大？」對年紀稍大的女性，年齡更是個「地雷區」，問得不好就會討人厭。一個四十歲的中年女子，開口道：「快五十了吧？」對方一定氣憤不已，如果我們小心地問：「三十出頭了吧」，她一定會心花怒放，笑顏逐開。

特別說明：入門休問榮枯事，觀看容顏便得知。在讚美別人時，要學會察言觀色。一個為事業廢寢忘食的年輕人，就可以稱他「以事業為重，有上進心」；一個為了債務焦頭爛額，心緒不寧的企業家，你誇他「事業有成，春風得意」，對方也許會認為你是在講「風涼話」，這種話就會產生適得其反的效果。

多替對方著想，是感動他的催淚劑

古語所謂「人不為己，天誅地滅」，所表現的是人的本性，而並非精妙的為人處世原則；真正成功的為人處世原則，是盡可能地為對方著想。我們可以想一想，如果每個人只顧自己，那麼人與人之間的關係就會變得很惡劣而無法進行下去。「退一步海闊天空」，如果我們能為對方著想，關係就會十分融洽。

有一個圖書公司的銷售人員，每次與顧客談話時，總是先從對方的角度考慮，然後再從容不迫、平心靜氣地提出顧客會遇到什麼問題，可用什麼方式來解決。

「如果我送給你一套有關個人效率的書籍，你打開書發現內容十分有趣，你會讀一讀嗎？」「如果你讀了之後非常喜歡這套書，你會買下嗎？」「如果你沒有發現其中的樂趣，你把它退回給我，行嗎？」

這位銷售員的開場白簡單明瞭，都是站在客戶的角度提出問題，使客戶幾乎找不出說

「不」的理由。

初次見面的人跟我們之間有很大的距離，如果我們多為對方著想，設身處地地考慮他的各種問題，對方就會認為我們是值得信賴的人，也因此會把內心深處的想法說給我們聽。比如，對方是一個醫生，我們就要考慮到，他們每天面對各種各樣病痛的患者，而且還要看著活生生的人如何痛苦地死，他們的心情一定很難受，需要我們去理解、去幫助他們。或者對方是一個銷售人員，那麼他一定為公司的業績而努力、操心，必然承擔著很大的壓力。我們跟他溝通時多講一些減輕他們壓力的話，他們沒有理由會拒絕我們。

為對方著想，才能贏得他的信任；為對方著想，才能贏得他的尊重；為對方著想，才能贏得他的真誠與友誼。一個常常只為自己利益著想的人，幾乎不可能贏得別人的尊重和友誼。

巴西曾經有一位總統深得民心，當民眾在接受採訪時說：「我們之所以極力認同這樣一位總統，就是因為他是一個時刻為老百姓著想的政府官員。我們老百姓日夜盼望的，也正是這樣一位國家領袖。」

這位國家領袖是怎樣看待自己的？他這樣說：「他們說的一點沒錯，我的確是一個喜歡為別人著想的人。小時候，我時常為兄弟姐妹著想，什麼事情都讓著他們；同時也為父母著想，盡可能不給他們添麻煩，為了減輕他們的負擔，我很小的時候就學會自食其力，利用假期賺學費；長大以後，我在政府部門工作，我常常為老百姓著想，透過減低稅收等方式減輕他們的負擔。他們說選我當總統是因為我時刻想著為老百姓謀利，我非常高興。」

巴西的這位總統多麼讓人敬佩，因為他時刻為他人著想，受到巴西人民的愛戴。這充分說明了，為他人著想就是給自己提供走向成功的良機。

所以，面對陌生人，我們不要光說一些自己的話題，光說一些自己的想法，這樣別人還以為我們是很自私的、難相處的。我們為對方著想時，就會給他留下細心、體貼、善解人意的好印象，我們不光會交到他這個朋友，有時甚至發生讓我們驚喜的事。

在一個特別炎熱的夏天，美國耶魯大學威廉・李昂・費爾普教授走進一家餐館吃飯，擠滿人的餐館像個菜市場，服務非常慢，等到那個侍者終於把菜單交給他的時候，他說：「那些在熱得要死的廚房中做菜的人，今天一定苦極了。你們在這樣一種環境中工作也一定很累吧？」

誰知侍者聽完教授的話居然罵了起來，聲音充滿了怨恨。

起先，費爾普教授以為侍者在生氣，仔細聽了一下才知道，侍者說的是：「到這裡來的都埋怨東西不好吃，罵我們動作太慢，抱怨這裡太熱，價格太高，我聽他們罵已經很久了。你是第一個，也是唯一對我們表示同情的人，我真想求上帝能多幾個像你這樣的客人。這樣吧，以後你只要光臨我們這裡，我們一律給你一些優惠。」

這個侍者之所以做出這樣的舉動，是因為費爾普教授把他們這些人員當作人看待，而不只是個不起眼的小角色。

「一般人所要的，只是別人把他們當人來看待。」看到費爾普教授的做法，你有什麼心得？其實能為別人著想，對自己非但無損，反而能促進彼此的和諧關係，為什麼這種一舉數得的好事，我們卻吝嗇付出？多為別人著想，除了讓別人得到應有的尊重外，自己也一定能獲得加倍的快樂，何樂不為。

設置懸念，誘發他的交談積極性

人們總是對各式各樣的問題產生興趣，我們可以利用這一點，在與陌生人的談話中多運用設置懸念的方法，來激發對方談話的興趣和積極性。

我們在表達真正目的之前，先巧妙地設置懸念，使對方開始思考，然後在講話的過程中給對方一個答案，對方會為自己猜到答案而高興，或者因為猜錯而苦苦思索，甚至與我們展開辯論。

設置懸念的方法很多，這裡我們挑選了兩種最適用且最常用的方法做說明。

首先是運用誇張的體態語。誇張的體態語是設置懸念的一種非常好的方法。在做出某種誇張的表情之後，對方會被我們奇怪的問題所吸引，因此他們會全神貫注地聽我們把話講完，以得出一個合理的答案。

小梁是一個表情很豐富的人，他說話時連說帶動作，本來不怎麼有趣的事讓他這麼一說都變得有趣了。因此，他在公司裡很受歡迎。

有一次，公司讓他去見一個客戶，臨行前，主管對他說，對方是一個很嚴肅的人，說話時要注意這一點。

小梁見到那位客戶後，交談了幾分鐘，發現對方真的很嚴肅，沒用的話基本上不說。後來，小梁找了一個很搞笑的話題，說到緊要之時，突然問對方：「你說這是為什麼？」問完還做出一個誇張的表情：眉毛高挑，嘴角上揚，雙肩聳起，兩隻胳膊向外展開。

對方顯然被小梁的表情吸引住了，竟然忍不住笑了起來，說：「是不是因為……」小梁微笑著搖了搖頭，對方又說：「那就是這樣的……」

到最後，這個嚴肅的人也放開了，跟小梁交談時又說又笑。

我們在跟對方談話的時候，對方不僅會注意我們的談話內容，而且還會觀察我們的表情，我們在做出一個誇張的表情時，對方通常會被吸引，因此會提高交談的興趣。

其次，交談時可以運用賣關子的方式吸引對方注意。故意賣關子，就是在回答他人的問題時，故意給出一個容易使人產生誤解的結論，然後再給出一個出人意料的分析和解釋。這種方法需要有好的時機，也需要說話者善於偽裝，不動聲色地將對方吸引住，直到最後，才解開設置的懸念。

有一個導遊很善於賣關子，他通常先對遊客提起話題或提出問題，激起遊客的興趣，但不告知下文或暫不回答，讓他們去思考、去判斷，急切地想知道結果。例如，參觀世界文化遺產——湖北明顯陵，遊客看到陵前的外明塘往往困惑不解，就著急地問導遊到底是怎麼回事。導遊說：「明塘是顯陵的獨特設置，不僅有外明塘，裡面還有內明塘，顯陵為什麼要在陵前設置明塘？請大家邊參觀邊思考，等到了明樓我再告訴大家答案。」

遊客登上明樓後，遊客又急著問為什麼，這時導遊才告訴遊客：「一方面，按風水理論，山為龍的骨肉，水為龍的氣血，水有防止龍氣流逝的作用，於陵前設置明塘，就滿足了吉壤中穴對水的基本要求；另一方面，明塘含有龍珠喻義，如果說神道猶如一條旱龍，那麼九曲河就好似一條水龍，兩龍交匯於明塘，構成了雙龍戲珠的奇特景觀。」

賣關子是我們與陌生人交談所使用的一種重要手法，在活躍氣氛、激發興趣等方面往往能產生重要作用。

需要我們注意的是，設置懸念問題時不能故弄玄虛，應該精心選擇既能扣住講話主題，又不為對方所共知的東西，作為設置懸念的依託，同時要選擇對方興趣正濃之時戛然而止，緊緊抓住他們急切想得到答案的心理，使懸念最大限度地發揮其奇異功效。

面對陌生人時，只要我們都能夠學會有耐心、有誠心地去與對方溝通，結交對方就是很簡單的事。面對陌生人時我們要態度謙虛，多替對方著想，恰當地稱呼對方，真誠地讚美他，說話時帶點幽默，注意投其所好，總之以對方為中心，我們就可以獲得對方的肯定。

第八章

順水推舟——善加利用中間人

我們都是社會人，每個人的社會人脈圈子，都是首先從對身邊親人的接觸和累積開始的，然後再慢慢到老師、同學、朋友、同鄉、同事，最後再突圍到更大、更高端的圈子。其中，因為熟悉和瞭解，來自身邊的人脈圈子，往往也是最牢固可靠的圈子。親戚、同鄉、同學、同袍、同事，都可能成為你事業發展中的「貴人」。

● 結交陌生人，我們首先從親人入手。我們的父母、兄弟姐妹都有自己的社交圈子，透過他們來認識陌生人，應該是最容易的事。

● 誰沒有幾位昔日的同窗？說不定我們的音容笑貌還存留在他們的記憶中。透過他們我們會認識更多的人，千萬不要把這種寶貴的人際關係白白浪費掉，否則我們會留下很多遺憾。

● 同鄉之間就有一種特殊的緣分。尤其在社會人口流動很大的今天，身在陌生的環境裡，我們結交陌生人有一定的難度，不妨從同鄉關係入手，打開局面。

● 每個人都有自己的朋友，同事也不例外，我們要充分利用這個有利條件，透過他們去結交更多的人。

● 一個人不可能永遠地演主角，那樣會活得很累，演一下配角，襯托一下別人，看別人的表演，也許會領悟到什麼，對以後的自己也是一種實力的累積。

● 如果我們想要別人討厭我們、排斥我們，那就儘管表現我們的聰明。但如果我們希望被人喜歡、受人歡迎，那就虛心一些，多聽聽別人的意見，這樣才能得到對方的肯定。

● 在跟陌生人交往時，我們要放低姿態，保持謙謙君子的心態，學會安撫對方的心靈，也就是說，我們不可以使對方產生相形見絀的感覺，並盡可能地以低姿態出現在他的面前。

● 如果我們希望別人喜歡我們，那我們就要尊重別人，讓對方認為自己是個重要人物，滿足他們的成就感。

●在結交陌生人的過程中，我們可能會遇到一些習慣於思考而不太說話的人，這些人通常想得過多，以至於說得很少，甚至已到了不知如何講話的地步，讓他們開口真比讓鐵樹開花還難。這時，我們就要想辦法激發對方的交談欲望。

●要別人喜歡我們，我們首先就要喜歡自己。要記住，我們是獨一無二的，我們的思想、我們的行動都是獨一無二的。任何時候，最忠實地陪伴我們的只能是自己，所以我們必須接受自己，時刻保持與自己的和諧。

●向一個還不熟悉、還不瞭解的人介紹自己的時候，不要把自己刻意說得很低，也不要過於謙虛。可以適當地誇張一下，誇大目前所做的事情，誇大自己的能力和成就，誇大自己的良好感覺，這樣對方才會為認識你而感到榮幸，願意與你交往。

●聰明的人在結交陌生人的時候，懂得迎合對方的嗜好，這樣能讓對方感覺到受重視、受尊重。當然，這個「迎」，一定要迎合得巧妙，不能讓對方看出任何破綻。

●在背後說人好話的效用的確非同一般，它以戲劇性的方式給人的自尊以極大的滿足。當我們對某人心存感激、當我們由衷地敬佩某人、當我們希望給某人留下良好的印象、當我們期望與某人建立友好的關係時，不妨在背後說說他的好話。

● 黑幼龍曾經說：「完整的人際關係包含三個階段，發掘人脈、經營交情、出現貴人。」創造良好人際關係的重要一條是有好人緣，即受人歡迎。

● 人性原本有善有惡，事實上也可善可惡。一般人偏向性善，「人之初，性本善」，自己抱持善意，期待對方善意的回應，多半能夠心想事成。

● 物以類聚，人以群分。只有性情相近、脾氣相投的人，才能成為朋友。如果對方的朋友都是一些不三不四、不倫不類的人，他的素質也不會太高；如果他結交的都是些沒有道德修養的人，他自己的修養也不會太好。

● 在這個世界上，大多數的人都是善良的，都是可以信賴和託付的，都是值得交往的，都是可以坦誠相見的，都是可以肝膽相照的。可是單憑直覺，是不科學的，是不安全的。

● 在日常生活中，特別是在我們為成功而奮鬥之初，我們可能需要尋求朋友，但是我們要注意，不要結交那些對我們有害無益的人，不要被拖入渾水之中。

親戚是給予我們最大幫助的人

在我們的周圍，親人可以說是我們最親近的人，不管我們有什麼事情，親人都會站在我們的身邊，支持我們，鼓勵我們，親人就是我們人生道路上最強大的後盾。

結交陌生人，我們首先從親人入手。我們的父母、兄弟姐妹都有自己的社交圈子，透過他們來認識陌生人，應該是最容易的事。

我們都知道美國的比爾・蓋茲是全球首富，但是有誰知道他的第一份合約是怎麼簽下來的？

比爾・蓋茲在二十歲時簽到了第一份合約，這份合約是與當時全世界很有實力的電腦公司──IBM簽的。當時，他還是在校的大學生，沒有太多的人脈資源。他怎能釣到這麼大的「鯨魚」？可能很多人不知道。

原來，比爾・蓋茲之所以可以簽到這份合約，是因為他的母親。比爾・蓋茲的母親是IB

M的董事會董事，媽媽介紹兒子認識董事長，這不是理所當然的事情嗎？假如當初比爾・蓋茲沒有簽到IBM這個訂單，或許他也不可能有今天的輝煌。

親戚之間大多有血緣或親緣關係，這種特定的關係決定了彼此之間聯繫的親密性，當我們遇到困難時，大概首先想到的就是找親戚幫助。俗話說，不是一家人，不進一家門。作為親戚，對方也大都會很熱情地向你伸出救援之手。因此，親人是我們結交陌生人時非常重要的一個平台。

世界一流人脈資源專家哈威・麥凱的成功，跟他的父親有很大的關係。哈威・麥凱從大學畢業那天就開始找工作。當時的大學畢業生很少，他自以為可以找到最好的工作，結果卻徒勞無功。好在哈威・麥凱的父親是位記者，認識一些政商兩界的重要人物，其中有一位叫查理・華德。

查理・華德是布朗比格羅公司的董事長，四年以前，他因為稅務問題而服刑。哈威・麥凱的父親覺得華德的逃稅一案有些失實，於是赴監採訪華德，寫了一些公正的報導，華德讀後，感動得流下眼淚。出獄以後，他問哈威・麥凱的父親：「你是否有兒子？如果有，讓他來找我。」

於是，哈威・麥凱打電話到華德辦公室，開始，秘書不轉接電話，後來提到他父親的名字三次，才得到跟華德通話的機會。

華德說：「你明天上午十點鐘直接到我辦公室面談吧！」第二天，哈威・麥凱如約而至。不想面試會變成了聊天，華德興致勃勃地聊哈威・麥凱的父親的那一段獄中採訪。整個過程非常輕鬆愉快。

哈威・麥凱不但頃刻間有了一份工作，而且還是到「金礦」工作。所謂「金礦」是指薪水和福利最好的公司。那不僅是一份工作，更是一份事業。四十二年後，哈威・麥凱還在這一行繼續尋找那些捉摸不透的金礦，而且成為全美著名的信封公司——麥凱信封公司的老闆。

事後，哈威・麥凱說：「感謝華德，是他給我的工作，是他創造了我的事業。」

我們都有親戚，他們的工作內容可能和我們毫不相關，但是他們都有一些朋友，這樣一來，他們就可以作為我們廣結人脈的對象，再進一步地說，如果以他們為媒介，就可以找到更多的朋友。看看父親的那一邊吧！假如父親的兄弟還健在，以年齡來看，也許已經達到相當的地位；同樣的，母親這邊也應該檢查一下，同輩的堂表兄弟們，也可以作為廣泛交友的來源。此外，連我們的姻親，都是廣結人緣的對象。像這樣僅僅靠著血緣的關係，就可以使我們的交友範圍逐漸地擴大。

但必須注意的是，親戚關係又是一種比較複雜的關係，主要表現在親戚之間存在著多種差異，比如經濟的、地位的、地域的、性格的。這些差異既可能成為彼此交往的理由，也可能成為產生問題的原因。

因此，我們在求助親戚的時候也要注意一些問題：

首先，盡量和親戚少發生經濟往來。俗話說，親是親，財是財。為了經濟利益問題而得罪人，在親戚之間是屢見不鮮的。親戚之間的錢物往來，既可能成為密切感情的因素，也可能成為造成問題的禍根，就看我們如何處理了。

其次，不要居高臨下或強人所難。親戚之間雖然有輩分的不同，但是也應當相互尊重，平等對待。特別是在彼此之間有地位、職務的差異的情況下，更應如此。

最後，不要一廂情願。親戚之間由於彼此關係有遠近之分，有密切程度上的差別，我們在求助他們的時候要注意把握適當的分寸，不要一廂情願地以為，只要我們開口，對方就會無條件地答應我們。

從同鄉入手，打開交友新局面

中國人對故鄉有一種很特殊的感情。俗話說「愛屋及烏」。愛故鄉，自然也愛那裡的人。於是，同鄉之間就有一種特殊的緣分。尤其在社會人口流動很大的今天，身在陌生的環境裡，我們結交陌生人有一定的難度，不妨從同鄉關係入手，打開局面。

中國人的同鄉關係很特殊，也是一種很重要的人際關係。在涉及某些實際利益時，「肥水不流外人田」，只讓同鄉圈子裡的人「近水樓台先得月」。既然同鄉觀念在人們頭腦中根深蒂固，足以影響一個人的發展前途，為什麼不利用同鄉關係多交幾個朋友，拓寬自己的道路？

在外地的某一區域，能與眾多同鄉取得聯絡的最佳方式是「同鄉會」，在同鄉會中站穩了腳跟，跟其他同鄉處得不錯，那就等於結交了一個朋友網路。也許，有一天，你就會發現這個朋友網的作用有多大。

朱治是個早年離開家鄉出外闖蕩的遊子，現在已經在異鄉開辦了自己的公司，並且在當地定居。朱治的生活是美滿的。但他一直為沒回家鄉感到遺憾，每當遇到同鄉，都十分高興。

恰在這時，在這個城市的幾位同鄉，深感有必要成立一個同鄉會，定期聚會，加深感情，有什麼事大家可以相互照應。

一接到邀請，朱治毫不猶豫地加入到其中，積極籌劃，聯絡同鄉，把這個同鄉會當成了自己的「家」，並且成為「家」中領導者之一。

經過三年的時間，同鄉會終於發展到了具有近六百人的規模。朱治也等於多認識了近六百人，並且與其中很多人成為朋友。這些同鄉朋友，各行各業的都有，用朱治自己的話來說：「我現在辦什麼事非常方便，只需一個電話，或是打聲招呼，我的同鄉都會為我幫忙。」

正因為朱治在同鄉中建了一個朋友網，他做起事來才會有那麼多的方便。所以，與同鄉交朋友是非常重要的，與同鄉交朋友其實並不難。

首先，既然是同鄉，就必然有共同的特點存在於雙方之間，其中重要的一點就是「鄉音」。

清朝末代的大太監李蓮英的發跡可以說是運用了此種技巧。

李蓮英出身貧苦，個子瘦小，若以當時清朝宮廷太監的標準來衡量，他是根本不夠資格的。可是一次偶然的機會，李蓮英聽說在宮廷中有一個太監是他同鄉，且是同一村的，於是李蓮英大膽地去找了這個同鄉。

李蓮英先用一口地道的家鄉話說出自己的姓名與籍貫。李蓮英的這位同鄉聽了這個聲音，身體不由得抖了一下，抬頭看了看眼前的這位同鄉，心裡暗暗記了下來。

後來，這位同鄉就介紹了一個重要人物給李蓮英，李蓮英在那個人的幫助下做了慈禧太后梳頭屋裡的太監，以梳得一頭好髮型深得慈禧寵愛，最後成了慈禧太后面前的紅人。

李蓮英只說了幾句話，就博取了對方的注意與好感。但要注意的是，這幾句話是家鄉話，是鄉音，而對方也恰巧是同鄉人，且又同處異地，在這種情況下，李蓮英輕而易舉地爭取到了一個名額就不足為奇了。

其次，我們可以利用鄉產作為拉關係的契機。在與同鄉打交道時，一般人都會有這樣一種想法：既為同鄉，理應幫忙，如果還用禮物送之，這不太俗了嗎？這種想法在某種特定意義上說，是有一定道理的，但就廣義來說，則是謬論。

同鄉與其他關係不同之處在於：同鄉之間的關係是以地域為主的，有一份「圈子」內的情存在心上。「鄉產」也許是很普通的東西，本身並不貴重，但在「鄉產」上所包含的情意卻非「外鄉人」能看出來，體會出來的。它會達到勾起同鄉思鄉之情的作用，然後會在這種感情的支配下，對他的同鄉「另眼相待」，照顧有加。

最後，我們可以利用鄉情作為拉關係的契機。一個人，無論是出自什麼原因離開家鄉，離開生他的土地，也許開始並不感到有什麼難過，但時間一久，或在他鄉碰到不習慣的生活習俗，或遇到挫折，他就會感到家鄉的親切、家鄉的美好。也許，這個時候，一個人才會深深地感到，自己在家鄉有割不斷、丟不掉的感情寄託，那是支持著遊子外出去闖世界的精神依靠。

因此，在遊子的記憶深處，有一塊屬於家鄉的領地，也許現實的生活會暫時把這塊領地掩蓋起來，一旦觸及到了這塊領地，一股思鄉潮就會源源不斷地湧出來，如閃電一般，充滿遊子的大腦，觸及記憶的神經。

同事三分親，有事好說話

在人的一生中，有三分之一以上的時間都是在工作中度過的，同事就成了我們生命中另一群重要的人。我們每天有八個小時與同事在一起，而且還會配合地完成有些工作，因此會結下特殊的情誼。

每個人都有自己的朋友，同事也不例外，我們要充分利用這個有利條件，透過他們去結交更多的人。

趙薔兩年前從商學系畢業，行政助理就理所當然成為她的第一擇業目標。因為沒有工作經驗，剛到公司時不能合理地安排好時間，八小時的工作變得異常忙亂。同事劉小雪在公司已經四年，算是老員工，說話也很有威嚴，趙薔就常找機會跟她請教處理事情的方法，並且學習怎樣進入角色，兩人慢慢成為無所不談的好朋友。後來，劉小雪離開公司，但兩人還保持聯絡。

一次，趙薔在流覽報紙的時候，看到一家非常有名的公司在應徵總裁助理。趙薔心裡一動：「自己對於行政助理的業務已經很熟悉，而總裁助理是一個更具挑戰性的職位，我不能錯過這個機會。」

於是，趙薔抽空去那家公司應徵，但讓她失望的是，面試人員聽說她只有兩年的工作經驗，禮貌地拒絕了她。

趙薔把自己面試的事告訴劉小雪後，劉小雪哈哈大笑說：「你怎麼不先跟我說一聲，那家公司有我的朋友。這樣吧，明天你再過去試試。」

第二天，趙薔又去那家公司。那個面試人員很親切地接見了趙薔，問了她很多業務上的問題，又問了她一些私人的問題，總之，兩個人聊得很投機。過了幾天後，那家公司就通知她去上班。趙薔很納悶，為什麼那個面試人員突然對自己那麼好？後來，她才知道，那個人是劉小雪的大學同學。

我們知道，同事相對於親戚和同鄉來說有很大的不同，尤其是現在這個自由的社會，大多數人都來自五湖四海，透過同事結交朋友，我們的朋友範圍會更加廣闊，他們帶給我們的機會也會更多。

需要注意的是，透過同事結交朋友，我們一定要與同事處理好關係。

同事關係確實不同於私人朋友。同事在一起工作，有合作也有競爭，尤其是會涉及升職和加薪等利益關係。和同事交朋友的風險和好處如硬幣的兩面一樣並存。我們必須應對得法，才能遊刃有餘。

首先，我們應該與人品好、威信高、心地善良的同事交朋友，這對我們結交他們的朋友有很大幫助，可以透過工作接觸仔細比較，並積極主動請教。

一旦與同事發生利益衝突，不要急功近利，要多想想如果得到機會自己會有什麼發展，多從長遠的角度權衡利弊，盡量走公平競爭路線。切忌拉幫結派，有一兩個關係甚密的同事，遇到問題一起商討足夠了。

其次，朋友是把雙刃劍，與同事做朋友如果結交過密，難免存在私念，有違公正，過分聽信對方一面之詞，便不能對事情有充分的認識，影響自己的判斷。

再就是公司大了，難免會有各種議論，千萬不要參與其中，即便有時候同事以朋友的立場跟你說了些什麼，也不要深信不疑，時刻堅持從一種公正客觀的角度去處理問題，不要太過感性，如果是壞的議論聽聽就可以了，不必再充當傳播的媒介。

最後注意，我們不可能結交所有的同事，過於消沉、負面的同事，不結交也罷，一而再、再而三推卸責任的同事，也沒有必要姑息，要團結更多人，而非建立個人小圈子。

美國人力資源管理協會與《華爾街日報》共同針對人力資源主管與求職者所進行的一項調查顯示，九五%的人力資源主管或求職者透過熟人關係找到了適合的人才或工作，而且六一%的人力資源主管及七八%的求職者認為，這是最有效的方式。網路也曾經做過「最有效的求職途徑」調查，其中「熟人介紹」被列為第二大有效方法。所以，我們就可以借鑑這個調查，透過我們的熟人去認識陌生人。

其實，我們結交陌生人時，大多都是利用中間人的，極少的情況是我們主動去認識對方。因為，透過我們的親戚、朋友、同鄉等關係結交的人比較可靠。現在的社會很複雜，雖然我們不一定會上當受騙，但是小心一點總是好的。

—第九章—

隱藏自我——給對方表現的機會

現代社會中，每個人都渴望在競爭中脫穎而出，充分展示個人風采。有些人會誤以為，只有表現得最好才會獲得對方的好感和尊重，但事實並非如此。一種有效的做法是：我們盡量隱藏自我，把表現的機會留給對方。讓對方感到被尊重和接納。人的尊重和價值是在人際互動之中實現的，而不是自己獨立表現的結果。

讓我們做一個最佳配角

在生活中，我們只有兩個角色可演，要麼演主角，要麼演配角。每個人都希望自己是主角。在與陌生人談話時也是如此，有些人渴望成為談話中的主角，這樣就可以操控主動權，讓對方跟著我們的思路走。

但是，交談中的雙方不可能都是主角，此時我們就要思考怎樣去做一個最佳的配角。

小趙去參加一個新產品開發的研討會議，會議上一個年輕人的講話引起了他的注意，對於他的話題小趙有自己的想法。

會後，小趙找到了那位年輕人，首先他向對方表示了祝賀，並稱讚對方的講話很有新意。年輕人很高興，連聲對小趙說謝謝。說到這裡後，小趙話鋒一轉，說：「你的講話中有一點我不太明白，我是這樣想的……」剛說到這裡，那個年輕人就說道：「你是不是想問產品中的一個部件為什麼要用陶瓷而不用金屬？」「是啊，我以前見過類似產品的那個部件，是用金屬做的，而且我們也研究過，金屬部件有很多優點……」

年輕人笑了，說：「你說得很對，以前的是用金屬做的。不過，我使用的是一種特殊的陶瓷，經過多次試驗，效果更理想。」

年輕人說到他使用的陶瓷部件時，臉上洋溢著興奮的表情。

小趙聽到這裡以後，把自己原先想說的話嚥回去，問：「你的陶瓷有什麼特別之處？」

年輕人馬上滔滔不絕地講了起來，之後還邀請小趙到他的實驗室去參觀，還要親自做實驗證明給小趙看。

小趙找年輕人談話，本想把自己的想法說出來，也就是說，他想做這次談話的主角的，但是當他看到年輕人興奮的表情時，又把自己想說的話嚥回去，改向對方請教，把說話的主動權交給了對方，這樣一來，年輕人就滔滔不絕地講述起來，最後還把小趙當成朋友邀請參觀他的實驗室，小趙成功地做了最佳配角。

事實上，每個角色不僅有權利，更是一種責任，如果自己不適合演主角，擔負不了沉重的責任，做一個配角，為大家事業的成功做出自己的貢獻，也沒什麼不好，總比強出頭挨打好。

我們在與陌生人交往時，只有尊敬對方，交際活動才能順利進行；如果總是壓制對方，強迫對方服從自己，對方不久就會對我們產生敵對情緒，進而失去對我們的信賴。因此，交際中應努力讓對方感到交際的主角是他。

試著留意對方的反應，盡力使對方心情舒暢。在人際交往中，要讓對方扮演主角就要準備多個「劇本」，因為不知交往會在何處受阻，所以就必須把能預測到的對方談話內容寫進「劇本」，然後自己根據「劇本」演好配角。要做到使對方成為主角，調查收集與此相關的資訊就顯得非常重要。如調查搜集：對方有什麼愛好？對方最喜歡什麼，憎惡什麼？對方講話有什麼特點？對方有什麼個人習慣？對方的弱點有哪些？要基於這樣的資訊擬寫一份能使對方成為主角並能打動對方的「劇本」。

如果能夠做到這一步，對方就會感到與我們交往心情舒暢，因而對我們產生好感。

在交際過程中，如果遇到某個人我們原先準備採用「中等程度」的交際方式，但當我們發現這種方式實在無法進行下去，這時就需要修改「劇本」重新預演一下。不過在事先應該假設出交際過程中有可能會出現的各種各樣的問題，並針對這些問題設想一下自己應該做出怎樣的調整。

難得糊塗，是對他人的敬重

平日裡，我們都有這樣的感覺：被別人比下去是件令人惱恨的事情。所以，在我們與陌生人的交往中，要是對方被我們超過，這對我們來說不僅是件蠢事，甚至會產生嚴重的後果。沒有人願意與處處顯示自己聰明的人在一起，自以為優越的人總是討人厭的，特別容易招人嫉恨。

小李是科技大學畢業的，學的是電腦。他應徵進入了一個新部門後，發現同事大多是四十多歲的中年人，經驗雖然比他多，但頭腦沒他靈活，對電腦等一些新事物的瞭解比他要差遠了。小李很高興，認為自己大展拳腳的機會到了。於是他開始在部門裡賣弄起自己的聰明來。「哎呀！電腦怎麼能這麼用？」「這個地方應該……」「這件事你得聽我的，這個方面是我的強項！」「真是的，怎麼連這個都還沒弄好？」……辦公室裡只見他一個人在指手畫腳、口沫橫飛。

有一次，主管叫他到另一個部門，查一查他們的電腦出了什麼問題。接待小李的是一個中年婦女。她熱情地把小李帶到了辦公室，泡上一壺好茶，說：「你來了就太好了，我們這裡有一台電腦不知道怎麼了，每次打開不到十分鐘就當機了，麻煩你幫我看看吧！」

小李慢吞吞地說：「沒事，電腦這個方面我最熟悉，我還沒有遇到難倒我的事！」喝完了茶，小李才去查看那台電腦。不到五分鐘，那台電腦居然正常了。

中年婦女很高興，連連稱讚小李有本事。小李有些飄飄然，說：「其實電腦沒什麼問題，主要是用這台電腦的人太笨了，他把一個程式設置成後方運行了，這個程式要佔用大量記憶體，如果再打開其他程式，電腦就反應不過來了，不當機才怪！」

中年婦女聽了小李的話，臉色變得很難看。小李沒注意到對方的變化，還在那裡吹噓自己怎樣高明。

然而過了幾天以後，小李突然被所在的部門辭退了。事後，小李才知道被辭退的原因，原來那位中年婦女是主管的夫人。主管回家問起電腦的事時，他的夫人沒有說小李的好話。回到部門，主管又向下屬瞭解小李平常的為人，沒有人說小李好話。

小李失敗的原因是什麼？他總是表現得聰明過人，總想讓自己壓過別人，一副「老子天下第一」的架勢。他不知道自己的這種舉動其實是最拙劣的，自以為是的人總會傷害別人的自尊心，咄咄逼人，其結果只能使自己受人排斥。

小李給我們的啟示是：如果我們想受朋友歡迎，想達到自己的目的，就要懂得壓抑自己去迎合對方，千萬不要讓自己表現得比朋友聰明。

如果我們將我們的想法說成是別人的創造，讓對方產生一些優越感，也是一個好方法。

法國一位哲學家說：「如果你想樹立一個敵人，那很好辦，你拼命地超越他，擠壓他就行了。但是，如果你想贏得些朋友，就必須做出點小小的犧牲——那就是讓對方超越你，走在你的前面。」

其實，這個道理很簡單，每個人心中都有一種想當重要人物的感覺，一旦別人幫助他實現了或讓他體驗了這種感覺，他當然會對這個人感激不盡的。當別人超過我們，優於我們時，可以給他一種超越感。但是當我們凌駕於別人之上時，他們內心便感到憤憤不平，有的產生自卑，有的甚至嫉恨在心。

一位專門設計花樣草圖的推銷員尤金・凱利，銷售的對象是服裝設計師和紡織品製造商。連續幾年，他幾乎每個月都去拜訪紐約一位著名的服裝設計師。

「他從來不會拒絕我，每次接待我他都很熱情。」他說，「但是他也從來不買我推銷的那些圖紙。他總是很有禮貌地跟我談話，還很仔細地看我帶去的東西。可到了最後總是那句話：

『凱利，我看我們是做不成這筆小生意的。』」

無數次的挫敗使凱利認真地總結了經驗，得出的結論是自己太墨守成規，他太遵循那老一套的推銷方法，一見面就拿出自己的圖紙，滔滔不絕地講它的構思、創意，新奇在何處，該用到什麼地方……聽煩了的客戶出於禮貌會等到他將話講完。凱利認識到這種方法已經太落後，需要改進，於是他下定決心，每個星期都抽出一個晚上去看處世方面的書，思考做人的哲學，創造新的熱忱。

沒過多久，他想出了對付那位服裝設計師的方法。他瞭解到那位服裝設計師比較自負，別人設計的東西他大多看不上眼。他抓起幾張尚未完成的設計草圖來到買主的辦公室。

「老朋友，如果你願意，能否幫我一個小忙」，他對服裝設計師說，「這裡有幾張我們尚未完成的草圖，能否請你告訴我，我們應該如何把它們完成，才能對你有所用處？」

那位買主仔細地看了看圖紙，發現設計人的初衷很有創意，就說：「凱利，你把這些圖紙留在這裡讓我看看吧！」

幾天後，凱利再次來到辦公室。服裝設計師對這幾張圖紙提出了一些建議，凱利用筆記下來，然後回去按照他的意思很快就把草圖完成了。服裝設計師對此非常滿意，並且全部接受。

我們不再極力顯示自己的聰明時，人家就接受我們了。

放低姿態，可以顯示我們的高大

你在秦始皇陵兵馬俑博物館，看過被尊稱為「鎮館之寶」的跪射俑嗎？

秦兵馬俑坑至今已經出土清理各種陶俑一千多尊，除了跪射俑以外，其他皆有不同程度的損壞，需要人工修復。這尊跪射俑是保存最完整的、唯一一尊未經人工修復的。仔細觀察，就連衣紋、髮絲都還清晰可見。跪射俑何以能保存得如此完整？這得益於它的低姿態。首先，兵馬俑坑都是地下道式土木結構建築，當棚頂塌陷、土木俱下時，高大的立姿俑首當其衝，低姿態的跪射俑受損害就小一些。其次，跪射俑作蹲跪姿，右膝、右足、左足三個支點呈等腰三角形支撐著上體，重心在下，增強了穩定性，與兩足站立的立姿俑相比，不容易傾倒、破碎。因此，在經歷了兩千年的歲月風霜後，它依然能完整地呈現在我們面前。

由此，我們得到一個啟示：在跟陌生人交往時，我們要放低姿態，保持謙謙君子的心態，學會安撫對方的心靈，也就是說，我們不可以使對方產生相形見絀的感覺，並盡可能地以低姿態出現在他的面前。

瑞典女星英格麗・褒曼在獲得了兩屆奧斯卡最佳女主角獎後，又因為在《東方快車謀殺案》中的精湛演技獲得最佳女配角獎。然而她領獎時，卻一再稱讚與她角逐最佳女配角獎的范倫提娜・歌蒂斯，認為真正獲獎的應該是這位落選者，並由衷地說：「原諒我，范倫提娜，我事先並沒有打算獲獎。」

范倫提娜・歌蒂斯卻說：「你能獲獎證明你有這個實力，更讓人感動的是你的態度，我沒有輸，因為我有你這個朋友。」

褒曼作為獲獎者，沒有喋喋不休地敘述自己的成就與輝煌，而是對自己的對手推崇備至，極力維護對手的面子。無論誰是這位對手，都會十分感激褒曼，會認定她是真心的朋友。一個人可以在獲得榮譽的時刻，如此善待競爭的對手，如此與夥伴貼心，實在是一種文明典雅的風度。

為了結交到更多的陌生人成為我們的朋友，我們的一言一行都要為對方的感受著想，學會安撫對方的心靈，不可以使對方產生相形見絀的感覺。與此同時，自己的心靈也會因安然而自慰，有一個極好的心情。

經常可以看見一些人大談自己的得意之事，這是不好的。對方不僅不會認為我們了不起，反而會認為我們是不成熟的、賣弄過去好時光的人，所以盡可能不要提自己的得意之事。

如果我們想把生意做成，就要以一種低姿態出現在對方面前，表現得謙虛、平和、樸實、憨厚，甚至愚笨、畢恭畢敬，使對方感到自己受人尊重，比別人聰明。在談事時也就會放鬆自己的警惕性，覺得自己用不著花費太大精力去對付一個「傻瓜」了。當事情明顯有利於我們的時候，對方也會不自覺地以一種高姿態來對待我們，好像要讓著我們似的，也就不會與我們一爭長短了。

尤其是一些初涉世的年輕人，往往個性張揚，率意而為，不會委曲求全，結果可能是處處碰壁。

被稱為美國人之父的富蘭克林，年輕時曾去拜訪一位德高望重的老前輩。那時他年輕氣盛，挺胸抬頭邁著大步，一進門，他的頭就狠狠地撞在了門框上，疼得他一邊不住地用手揉搓，一邊看著比他的身子矮去一大截的門。

出來迎接他的前輩看到他這副樣子，笑笑說：「很痛吧！可是，這將是你今天訪問我的最大收穫。一個人想要平安無事地活在世上，就必須時刻記住，該低頭時就低頭，這也是我要教你的事情。」

富蘭克林把這次拜訪得到的教導看成是一生最大的收穫，並把它列為一生的生活準則之一。富蘭克林從這一準則中受益終生，後來，他功勳卓越，成為一代偉人。他在他的一次談話中說：「這個啟發幫了我的大忙。」

其實，我們以低姿態出現只是一種表面現象，是為了讓對方從心理上感到一種滿足，使他願意與我們合作。實際上越是表面謙虛的人，越有可能是非常聰明的人。

我們謙虛時顯得對方高大；我們樸實和氣，對方就願意與我們相處，認為我們親切、可靠；我們恭敬順從，對方的指揮欲得到滿足，認為與我們配合很有默契，很合得來；我們愚笨，對方就願意幫助我們，這種心理狀態對我們非常有利。

相反的，我們若以高姿態出現，口若懸河，咄咄逼人，對方心裡會感到緊張，而且容易產生一種反抗心理，根本不可能與我們成為朋友。

滿足對方的自我成就感

人類行為有一條重要的法則，如果我們遵循它，就會為自己帶來快樂；如果我們違反了它，就會陷入無止境的挫折中。這條法則就是：滿足對方的自我成就感。因為人們最迫切的願望，就是希望自己能受到重視。歷史學家也曾一再強調，就是這股力量促使人類創造了文明。

對於我們想結識的每一個陌生人，我們都可以認為他在某些方面比我們優秀。一個絕對可以贏得他歡心的方法是，以不著痕跡的方法讓他明白，他在我們看來是個重要的人物。

其實，這不是一項新鮮的發明，古聖先賢教導我們：己所不欲，勿施於人。己所欲者，亦應施於人。

江維為公司寫了一篇宣傳資料，為此，他需要拜訪一個對公司有很大幫助的人。對方是一個老先生，性格比較孤僻，平時不喜歡見人，更不願意跟陌生人交往。江維給老先生打了無數電話，他才答應見面，但是只給江維五分鐘的交談時間。

到了老先生家裡後，江維先客氣了一番，然後說起老先生當年是如何及時出手相助，才使這家公司起死回生的。很奇怪的是，談到這些時，老先生沒有一點高興的樣子，只是淡淡地說那是一次巧合。

眼看時間已經不多了，江維很著急，這時他才想起，昨天查閱老先生的資料，看到一句話：老先生曾經救過一個人，但被對方誤會了，因此老先生才不願意與陌生人交往。想到這裡，江維有了主意。

江維說：「今天我坐公車來的時候，我跟一個男人搶座位，結果被人罵了一頓。」老先生奇怪地問：「你也是一個大男人，幹嗎跟別人搶座位？」「在我旁邊有個小女孩，站了很長時間了，我想搶個座位讓給她。」「哦，看來，你還蠻有愛心的。」「愛心倒談不上，不過被人誤會的滋味可真不好受。」「是啊！」

說到這裡，江維話鋒一轉：「聽說你當年也被人誤會過，是怎麼回事？你可是見義勇為啊！」

老先生聽到「見義勇為」這幾個字時，臉上有了笑容，接著就說起了當年救人的事。江維不時地插句話，兩人就這樣聊了起來。不知不覺，一個小時，兩個小時已經過去了……

實際上，每個人都有自己的優點，都有值得為他人所學習的長處。承認對方的重要性，並表達由衷的讚美，就可以化解許多衝突與緊張。

我們希望周圍的人喜歡我們，我們希望自己的觀點為人採納，我們渴望聽到真心的讚美，我們希望別人重視我們……

讓我們自己先來遵守這條戒律：我們希望別人怎樣待我們，我們就先怎樣對待別人。

不要想等到做了大官、成了大事後才開始奉行這條法則，只要我們隨時隨地遵循它，就會為我們帶來神奇的效果。

把對方作為交談的重點

大多數人喜歡談論自己。

跟初次相見的人交談時，多說一些有關對方的話題，他們往往會表現出很大的興趣。如果我們多提一些「你……」的問題，他們會很高興地回答我們的問題或者回應我們的意見。

因此，我們在開口之前，觀察一下對方穿著什麼、在做什麼、在說什麼、在讀什麼，我們再以「你」字為中心與他們交談，就會得到他們熱烈的回應。例如，「你這件夾克很有趣。能不能說一下，這個標識代表什麼？」「你在這裡棋藝是最棒的。你都參加過什麼訓練？」「你在董事會上的發言精彩極了。能不能說一說，你為什麼覺得太陽能的開發速度不夠快？」「你看起來一副失落的樣子。我能幫上忙嗎？」「啊，我們不是在安麗公司的會議上見過嗎？你是怎麼加入安麗的？」

跑步的時候看見一個人可以說：「你穿什麼牌子的運動鞋？為什麼選了這個品牌？」

在餐館時問一個人：「不介意我和你坐一桌吧？」（作家亨利・米勒從來都不願意獨自就餐，所以經常使用這句話。想一想，如果他去旁邊空著的桌子，他就會錯過認識成百上千人的機會。經驗顯示，二〇%的人會拒絕這個請求，他們通常會抱歉說在等朋友，或者有很多事情要做。）

在聚會時問：「你怎麼也參加這個聚會啦？」（澳大利亞一位研究人際交流的專家艾倫・皮斯曾經就這樣一句常用的客套話做過試驗，「你怎麼也在這裡？我們好像在哪裡見過吧？」最令他難忘的一個回答是：「也許吧，我在動物園工作。」）

一些人傾向於直接表達對對方感興趣的話語。比如，「嗨，你看起來很可愛，很想跟你認識一下。」或者「嗨，我在這裡碰見你好幾次了。我覺得我應該過來做一下自我介紹。」他們認為這種直接的方式比其他微妙的方式更能給對方留下深刻印象。當今社會有這麼多人、這麼多刺激因素，給人留下印象是最關鍵的。

為什麼「你」字當先在人際交往中會發揮這麼大的作用？

心理學家給我們做出解釋：當我們是嬰兒的時候，我們都認為自己是宇宙的中心。任何東西都是我的，世界上的其他事物都是為我服務。我們那個時候是自我為中心的，我們的大腦不管遇到什麼事情，都會本能地問：「那和我有什麼關係？」當我們長大後，這種思維習慣實際上也還是沒有改變，只是成年人學會了用文明禮貌的面具掩飾自己的自我為中心意識。但是大腦仍舊直接、本能、一成不變地在我們和外界打交道的時候，會提問自己：「那和我有什麼關係？」

為了解釋這個問題，我們可以用事例做說明：

一個男大學生看見了一個女生，很想結交她，就想了一個「請她吃飯」的主意，他就對女大學生說：「我們學校外邊新開了一個非常好的餐廳，晚上陪我去那裡吃點什麼好嗎？」

女大學生在做出答覆以前，心裡就會算計一番：「『非常好』，他說的是菜色還是餐廳的裝修？」她甚至會繼續想：「應該是說菜色吧，他說『非常好』，我會不會喜歡？」她這麼一想就會猶豫了，男大學生也可能會察覺到對方的猶豫，這麼一來，談話也就不怎麼讓人覺得高興了。

要是換一種說法，男大學生可以選擇說：「我們學校外邊新開了一家菜色，你肯定喜歡！今天晚上我們去那裡吃點東西吧？」

這樣表達的時候，強調了「你肯定喜歡」，男大學生已經首先潛在地幫女方解答了心裡將要出現的問題，這樣女生就更容易接受男生的邀請。

這就是「你」字的力量。

假設我們在參加一個會議，一個與會者提出了一個問題，他肯定喜歡聽到我們說「這個問題提得很好」，不過要是我們跟他說「你這個問題提得很好」，想像一下他肯定會感到更高興的吧！

銷售人員對客戶說：「這個問題很重要……」，不如透過以下這種說法來肯定對方：「你說的這個問題很重要……」進行商業談判的時候，一般代替「事實將證明……」而使用「你會看到事實將證明……」

在心智健全的範圍內，我們使用「我」的次數越少，我們在人們的眼裡就顯得越理性。事實上，善於社交的人相互間談話時使用「你」的時候總是要比「我」多。

所以，我們在跟陌生人說話時，每個句子前面都盡可能地加上「你」字，會立刻抓住聽眾的心。這個技巧可以贏得很多積極的反應，比如可以使對方產生自豪感，節省額外的思考。總之，想要人們誇你說話程度，想要贏得人們的尊重和愛戴，千萬記得隨時隨地把「你」字掛在嘴上。

激發對方的表達欲望

在結交陌生人的過程中，我們可能會遇到一些習慣於思考而不太說話的人，這些人通常想得過多，以至於說得很少，甚至已到了不知如何講話的地步，要讓他們開口真的是很難。這時，我們就要想辦法激發對方的交談欲望。

我們只要學會了如何與這種人交流的方法，就會使他緊閉的嘴巴張開。專家在對不同性格的人進行的訪談過程中發現了五種「打破沉默的方法」。這些方法非常有用，甚至可以使最沉默寡言、最害羞的人也會開口講一長串話：

讚揚加提問。即使是最害羞的人在聽到讚揚時也會心花怒放。我們要讓不願說話者知道，聽眾欣賞並感激他們所做的努力，別人會認為他們的專業知識非常有價值。然後我們再讓他們詳細陳述他們對其專業知識的觀點。我們可以透過簡短的提問暗示他們，只有那些有專業知識背景的人才能回答我們所提的問題。例如，「你對這個方面比較熟悉，你的看法如何？」「你說得真好，也只有你才說得這麼詳細」……

再沉默寡言吝嗇詞句的人，聽到如此積極的回饋也會變得平易近人。在聽的過程中，類似帶啟發、鼓勵效果的「讚美之詞」會使我們得到我們想要的資訊。

直接提問。少言寡語者，即那些只說「是」或「不是」的人，他們會覺得說話越少越自在。我們應該利用而不是抵制這一特點。我們也可以抓住他們吝惜語言的特點，先弄清我們究竟想知道什麼，然後直截了當地向他們提出只需回答「是」或「不是」的問題，或者提出只需回答一兩句簡短的話即可切中要害的問題。例如，「我這樣說對不對？」「別人也這樣做，你呢？」

引發議論。只要有合適的魚餌，最不容易上鉤的魚也會上鉤。為使不願說話者打破沉默，我們可以用容易引起爭論的陳述或問題做魚餌。我們可以圍繞我們想瞭解的主題，很有禮貌地對說話者提出疑問，或者就現有的理論提出反對意見。當自以為得意的觀點遇到挑戰，或有機會拆穿一個廣為流傳的謬誤，而能說明自己正確時，很少有人會無動於衷。例如，「據我所知，人們都是這樣看待這個問題的……」「難道我說錯了嗎？」

不要打斷。一旦我們想盡方法讓不願說話的人開了口，我們就要立即停住講話。如果我們在他們說話時插嘴，陳述我們的看法，就會使他們有藉口停止說話，想要再讓他們開口會非常困難。即使我們想到一個重要問題，或有什麼高見，我們都不要急著說出來，我們要等到不願說話者已經說完之後，再把我們的見解說出來。

適當回饋。想要讓不願說話者繼續講話，我們需要告訴他們，他們說的細節非常有趣、非常有價值，這些內容會引起許多人的興趣，我們非常希望他們能繼續說下去。但注意，不要用太多的語言來鼓勵他們，這只會讓他們分心。

我們要運用身體語言，透過看得見的信號對他們做出積極回饋。同意的時候點點頭，讚許的時候微微一笑。饒有興趣地盯著說話人的眼睛，就好像他在說一件我們從未聽過的、有意思的事情。

有些人以為，結交陌生人就是要獲得對方的肯定，把自己最佳的形象留給對方，因此在陌生人面前，竭力表現自己。當我們產生過分強烈的要求時，會故意製造各種「聲音」。由於擔心別人沒有聽到，就讓「聲音」特別響亮震耳。即使這樣，自己仍然感到不滿足，仍然擔心會被輕視和忽略。

但是這麼強大刺耳的聲音，在別人聽起來就成為一種「噪音」。成功地結交一個朋友的最好方法是：放低自己的姿態，盡量突顯對方的完美、高大。

一第十章一

製造心動——讓別人喜歡我們的六種方法

每個人都有這種心理：希望被別人接納，希望別人喜歡我們。在與陌生人結交時，我們也是抱著這個目的，希望在很短的時間內就讓對方對我們產生好感，然後喜歡與我們交往。事實上，只要我們努力塑造自己，提高自己的形象，被別人喜歡是很自然的事。

讓別人喜歡我們，我們先要喜歡自己

有些人抱有這樣的想法：「我長得不好看，讓我去結交陌生人，我怕把人家嚇跑。」「我不太會說話，尤其是跟陌生人。」「我脾氣不好，結交陌生人萬一跟他爭吵怎麼辦？」

這些人之所以有這些想法，是因為他們看不起自己，誇大了自己的缺點。如果懷著這樣的想法去跟陌生人交往，我相信沒有幾個人會成功的。

上天賦予每個人不同的品性，也同樣賦予每一個身體迥異的特徵，可以說，我們是這個世界上獨一無二的。

但是有時候，我們卻是自己的敵人。我們從來不愛自己，從來不願安安逸逸地與自己在一起，這令人感到驚訝嗎？只要想想：我們是不是無法愛自己？我們是不是覺得自己身上有很多無法克服的弱點？我們這麼反對自己，甚至想要以某個方式來粉碎自己，然後創造出另一個人。可是，如果被允許創造出另一個人，最後我們一定對那個人也不會感到滿意。

要記住，我們是獨一無二的，我們的思想、我們的行動都是獨一無二的。任何時候，最忠實地陪伴我們的只能是自己，所以我們必須接受自己，時刻保持與自己的和諧。

徐強是一個很有上進心的年輕人，他一直希望能有機會和成功人士交往，可以向他們學習。在一次聚會上，經朋友介紹，有幸結識了一位地位顯赫的企業家，他很慶幸能和這樣的人結識。

雙方握手之後，徐強竟然連一句主動的話都沒有。結果是人家問一句他答一句，本來很輕鬆的場面，一下子變得像個考場。對方大失所望，找了個理由就離開了。

為此，徐強很是懊惱，連連說自己沒用，關鍵時刻居然說不上話來。

「如果你都不喜歡自己，不滿意自己，就很難讓別人覺得你是個自信的人。」所以，我們要清楚自己的特色與優點在哪裡，並且勇於接受自己的不完美。

如果我們也像徐強這樣連自己都嫌棄自己，我們也別去指望有人會喜歡我們。

喜歡自己是自我進步的方法，也是健康成熟的象徵之一。當然並不是自以為是，而是冷靜、客觀地接受自己，並懷著自尊心和人類的尊嚴感接受自己。

沒有人可以確切地知道自己是不是真正受人歡迎，但卻可以問問自己：我是不是真的喜歡自己？心理學研究顯示，想要別人喜歡你，首先要培養喜歡自己的特性。回想一下，你身邊一定有些既不漂亮又不富有的朋友，但是這些人卻是你朋友圈子中很受歡迎的人，他們就是喜歡自己的人。

我們還要知道，喜歡自己，並不是盲目自戀，而是能夠認識到自己的缺點，坦然地接受自己的一切，不管是優點還是缺點。真心喜歡自己的人懂得快樂的秘密不在於獲得更多，而是珍惜所擁有的一切。你會覺得自己是那樣地受到上天的恩寵，是那樣幸福地生活在這個世界。這是一份開放的心境，更是你快樂的始點。具有這樣的心境的人，對生活、環境、周圍的人，會自然流露喜悅之情，感動自己，影響他人。

學會接納自己，接納自己的缺陷，真誠地喜歡自己，喜歡自己的不完美，喜歡自己的個性。你會發現你不僅擁有更具喜悅感的生活和人生，還會獲得更多的魅力。

適當誇張自己，激發對方結交我們的欲望

人們都願意與身分較高、能力較強的人交往，不願意結識整天垂頭喪氣、愁眉不展的人。從我們自己的角度看也是一樣，如果我們常與得意的人、能幹的人接觸交往，就會充滿信心，也認為自己有能力。

這樣看來，向一個還不熟悉、還不瞭解的人介紹自己的時候，不要把自己刻意說得很低，也不要過於謙虛。可以適當地誇張一下，誇大目前所做的事情，誇大自己的能力和成就，誇大自己的良好感覺，這樣對方才會為認識你而感到榮幸，願意與你交往。

如果把自己講得一無是處，講遇到的困難，講目前還存在的問題，對方聽了會感到失望，也就沒有太大興趣了。

生活中有酸甜苦辣，再春風得意的人，能力再強、地位再高的人也有不如意的時候，所以交談時很容易說起不順心的事。但對初次認識的人來說，往往愛對自己的交際對象抱持一種幻

想，潛意識中常盼望對方是個能幹的人，希望成為私交。如果令對方失望，他會認為沒有必要與你交往。

誇張要有一定限度，不能誇張得無邊無際。因為人們都有一個固定的衡量標準，雖然不瞭解，但應該有多大能力，別人大致上是心中有數的。說低了，他會不以為然，瞧不起；說太高了也不好，弄不好露馬腳反而弄巧成拙，因此就要求在說話時要把握好分寸。

在說明自己的能力時，不但要把現在做的事情告訴對方，如果必要，還可以把下一步準備做的事情告訴對方。下一步的事雖然沒做，但有做的打算和做的條件，也有做的可能性。講給對方聽時，對方一般是會相信的，而且明確告訴對方，這是下一步的打算，他不會認為是在騙他。在講下一步打算時，要充滿自信，要把具體事實擺出來。這就是一種能力的誇張，也是一種合理的誇張。但若把再下幾步的打算也告訴對方，那就成了吹牛，對方就不會輕易相信了。

像一個小學生談大學畢業後找工作一樣，讓人覺得有點荒唐。所以只能把打算提前一步說出來，不能提前好幾步都說出來。這種技巧關鍵在於，不要超過對方的心理承受能力。在社會上形形色色的雄辯家中，政治家往往是出類拔萃的。在他們看來，世界上根本不存在分辨不清的是非，甚至不可能有模稜兩可的現象。因此，在與陌生人的交談中要適當地誇張自己，也可以使用這種語言，以使對方更為信服。

迎合對方的興趣

每個人都有自己的興趣愛好，別人與我們交談時如果說的是我們感興趣的話題，我們就會很高興，覺得對方是一個善解人意的人，我們會很樂意與對方繼續交談。

所以，我們在與陌生人交談時，先摸清對方對什麼東西感興趣，然後我們再跟對方多說一些這個方面的事情。

聰明的人在結交陌生人的時候，懂得迎合對方的嗜好，這樣能讓對方感覺到受重視、受尊重。這個「迎」，一定要迎合得巧妙，不能讓對方看出任何破綻。

有一位女明星需要一兩個短劇本，她希望日本一位很有名的作家能夠為她動筆。這位作家學貫中西，文筆風趣，但他的脾氣很古怪，一般人的約稿經常被拒絕。

這位明星打電話給他的朋友，請教一下該怎樣向作家開口提出要求。

「你究竟打算請他寫些什麼短劇呀？」「我希望他替我寫男女別戀，不過要有新的內容，不要以前的故事。」「這樣很好，他以前寫過不少這類的東西，你只需說知道他寫過這些劇本，十分崇拜他就行。」

過了兩天，這位明星給他朋友打電話，很高興地說：「他不等我提出要求，就答應替我寫兩齣短劇了。」

她的朋友說：「你們見面時，你一直在談論他過去那些得意之作，是嗎？」「你猜得對，我主要是稱讚他的作品在台灣如何受人喜愛。」

這位女明星運用的其實就是人際交往中的迎合別人興趣的藝術。其實，人際交往真的不難，我們只要抓住別人的心理，略施小技就可以旗開得勝。

每個人都有自己感興趣的東西，比如有些人喜歡籃球，有些人喜歡軍事，有些人喜歡音樂，有些人對演藝圈的八卦新聞感興趣，有些人對書法繪畫感興趣，有些人對烹調食物感興趣，有些人對神秘現象著迷……總之，每個人都有一項或多項的興趣，會說話的人在與對方交談的過程中，懂得迎合別人的興趣。

小琳是一家房地產公司總裁的公關助理，奉命聘請一位特別著名的園林設計師為本公司的一個大型園林專案做設計顧問。但這位設計師已退休在家多年，而且此人性情清高孤傲，一般人很難請得動他。

為了博得老設計師的歡心，小琳事先做了一番調查，她瞭解到老設計師平時喜歡作畫，便花了幾天時間讀了幾本中國美術方面的書籍。她來到老設計師家中，剛開始，老設計師對她的態度很冷淡，小琳就裝作不經意地發現老設計師的畫案上放著一幅剛畫完的國畫，便邊欣賞邊讚歎道：「老先生的這幅丹青，景象新奇，意境宏深，真是好畫啊！」一番話使老先生升騰起愉悅感和自豪感。

接著，小琳又說：「老先生，你是學清代山水名家石濤的風格吧？」進一步激發老設計師的談話興趣。果然，他的態度轉變了，話也多了起來。接著，小琳對所談話題著意挖掘，環環相扣，使兩人的感情越來越近。終於，小琳說服了老設計師，出任其公司的設計顧問。

人類本質裡最深層的驅動力，就是希望具有重要性。我們要別人怎麼待我們，就要先怎樣待別人。因此，如果我們想讓別人喜歡我們，最好的辦法就是先對別人感興趣，說對方感興趣的話。

多在背後說別人的好話

有些人在與陌生人交談時，很會使用讚美這個技巧，一般的情況下，對方會很受用的。有一點，不知道有沒有人想到，說別人的好話在當面和背後所產生的效果是很不一樣的。背後說別人的好話，效果要好得多。

小王畢業後，到一家公司應徵。接待他的是一位很漂亮的女士。在談話的過程中，小王也使用了稱讚的藝術，誇她漂亮、有氣質。但是，讓人失望的是，對方不為所動，對小王的態度依舊是不卑不亢。

交談結束後，這位女士對小王說：「說起來，你的條件是很適合我們公司的，但是有些遺憾，你的經驗還欠缺一些，我不能保證公司會一定錄用你。」

小王沮喪地向外走，這時一個人問他：「你是不是來應徵的？結果怎麼樣？」問話的人是一個中年人，一副很幹練的樣子。

小王說：「情況不太好。不過話說回來，我的確是沒有經驗，比不上剛才那位女士，她可真厲害啊，知識那麼淵博，幾乎是無所不知。而且她氣質高雅，談吐不俗，這家公司有這樣的人才足以證明我來應徵是明智的選擇。」

那個人笑了笑說：「你回去準備來上班吧！」

小王很詫異。那個人說：「我是客戶部經理，你這種背後稱讚人的品格正是我們所需要的，你一定會是一個合格的客服的。」

這位客戶經理說得一點不錯，在背後說別人的好話的人，是一個真誠而實在的人。如果我們當面說人家的好話，對方可能以為我們是在奉承他、討好他。相反的，如果我們的好話是在背後說的，人家會認為我們是真心的。這樣，他自然會領情，會感激我們。

在背後說人好話，還容易消除誤會，抒解彼此的衝突。在背後說別人好話時，會被人認為是發自內心、不帶私人動機，可以增強對說話者的好感，消除對說話者的不滿。如果我們與別人發生了一點小誤會，不妨在背後說他的好話。

員工甲與他同事乙平時關係不錯，卻因小事發生誤會，有很長時間不說話。彼此都感覺相處很尷尬。雖然大家都想打破這種尷尬，但自尊心作祟，誰都不先開口與對方說話。

一天，甲剛好看了一篇關於背後說人好話的文章，於是心生一計。在辦公室與同事閒聊時，甲趁乙不在，對別的同事隨意說了幾句乙的好話：「其實，乙這個人真不錯，為人比較正直，處事也比較公正，以前對我的幫助挺大，我挺感謝他的。」這幾句話很快就傳到了乙耳朵裡，他心裡不由得有些欣慰和歉疚。於是，找了一個適當的機會，他主動向甲打招呼、噓寒問暖，兩人就這樣和好了。

在背後說人好話，還能滿足別人的虛榮心，給足別人面子。這好話可能在被說者意料之中，也可能在他意料之外。通常，好話越超出被說者的意料之中，好話所達到的作用越明顯，越能打動人。

略施小惠，可以贏得對方的好感

有些聰明的人很善於利用人們無功不受祿、無勞不受惠的為人原則。所以，經常給別人一些小恩小惠，這樣一來，對方的心理得到滿足，就會很容易相處，即使求他辦事，也是很容易的事情。

尤其在商場中，略施小惠往往會影響到重大的生意。有一次博覽會上，主辦人對所有來的客戶均贈送一百元的紀念品。該公司的負責人認為：因為每個人都喜歡貪小便宜，可是他們又不願平白無故地接受別人的東西，因此他們就會以盡義務的態度來參加博覽會，甚至會敞開胸懷來傾聽對方的解說，唯有如此，他們才會覺得受之無愧。

結果也正如他所說，「那些平白接受小惠的人往往會假意告訴自己和那些推銷員，他們是因為真正對商品感興趣，才來參加這次博覽會的。」只不過區區一百元，就使原來懷疑心態的大眾變成了積極的聽眾。

因此，我們也可以把這種方法運用到結交陌生人上。在我們與陌生人的關係還不太熟的時候，先請客吃頓飯，或先送一些小禮物給對方，這樣結交對方的成功率就會大大提高。

小恩小惠的方法只用於增加感情上的交流，這種辦法有時會獲得良好的效果。不過要注意，必須經常改變方式，交替使用，方可制勝。

大多數人都有這種心理，無故受人恩惠時就感覺欠對方人情。所以，只要對方不提出過分的要求，通常都會很願意幫助對方。

略施小惠要做得自然得體，如果一下子給予對方很大的好處，對方一定會疑懼你可能要求更大的回報而迴避。所以施小惠時，要順其自然，使對方可以大方地接受。久而久之，略施小惠的影響力便可發揮出來。

略施小惠，不只限於金錢的施惠，許多其他方法亦可使用，如熱誠的服務，不就是略施小惠的方法之一嗎？

運用「略施小惠」的策略時，在技巧上要特別注意一點：態度要自然，不要讓人感覺到做作。否則，不但討人厭，說不定還會得罪人。天下最愚蠢的事，就是讓「資產」在無形中變成「負債」。如果能做到「運用之妙，存乎一心」，略施小惠，將會讓人難以抗拒。

那些不受人歡迎的習慣

有時候，一些人感到很奇怪，為什麼有些人跟陌生人一見如故，很快就可以成為無話不說的朋友；有些人即使使用了很多方法也不能讓陌生人心動，有時甚至讓陌生人厭煩。

其實這種現象很好理解。與陌生人一見如故是因為這個人是一個很受歡迎的人，而被陌生人討厭則說明這個人不受人歡迎。

道理說出來很簡單，但是真正能認識到自己到底是一個怎樣的人卻不是簡單的事。整體來說，不受歡迎的人都具有以下特徵，我們可以與自己對比一下，如果我們有這個方面的缺陷，就抓緊時間加以改正，做一個受人歡迎的人。

死板、性格不開朗。性格不開朗的人讓人覺得死氣沉沉，沒有朝氣，一副陰鬱的樣子。別人一看就掃興，心情也會隨之陰鬱起來，在這種心理狀態下，對方是不會產生與這種人交往的念頭的。

說話小聲、口齒模糊不清。有些人說話聲音太小，像蚊子叫，說出的話對對方沒有一點感染力，這樣往往會使結交陌生人的計畫落空。我們應該養成大聲說話的習慣，也不能矯枉過正，變成大吼大叫。

輕率。說話太輕率的人，各種話語隨口而出，是很容易出差錯的。因為這種人話說出口時，自己也往往心中無數。因此，說話時心中應有準備，不能信口開河，胡說八道。

老奸巨猾。有些人初見面就給人一種老奸巨猾的感覺。眼皮向上翻、皮笑肉不笑、點頭哈腰、誇誇其談等均在其列。也許實際接觸一段時間之後，上述印象就消除了，覺得這個人挺誠實。但是，消除誤解需要不少時間，在這段時間裡，損失已經不少了。因此，為了不引起對方的誤解，在舉止方面一定要多加注意才好。

皺眉頭。現實生活中愛皺眉頭的人很多，這種人讓人一見就心裡不舒服，這個習慣可以說是交際場合的一個大忌諱，因此一定要革除。如果要糾正，我們必須隨時提醒自己舒展眉頭，即使在緊張或生氣的情況下。也要強迫自己不皺眉頭。

傲慢。有些人因為自己事業已有小成而自鳴得意，因此在對待陌生人時，說話隨意，總想顯現出自己比對方優越，但這樣只會傷害對方的自尊心，讓對方生厭。

見面熟。有些人初次與人接觸，就像遇上多年沒見面的老朋友一樣，非常熱情。其中一些人，還自以為這是交際特技而洋洋得意。但是在一般情況下，對方對此卻有種說不出的感受，會對這種人存有戒心，尤其在不瞭解對方脾氣的情況下更是如此。

但是這也有例外，對於那些自來熟的人，在他能夠接受的範圍內，見面熟就可以作為武器而獲得成功。

好色。說話風趣是一種有效的交際手段，但是過分了對方就會懷疑我們的人品了。描述男女關係方面的話說得很露骨，與對方交談時關於情色的話題說得沒完沒了，這是令人憎惡的不良習慣。

一個人被對方所喜歡不是沒有理由的，也就是說，我們能夠被陌生人所喜歡一定是我們身上有特別優秀的東西，如品格高尚，謙虛有禮貌，熱情善良，樂於助人等。在與陌生人交往時，對方能不能接受我們，就在於我們是一個怎樣的人。努力做好上面幾點，我們一定會成為最受歡迎的人。

—第十二章—

顯示人格——如何使別人信任你?

人格是一個人性格、氣質、道德、品格的總和,它蘊涵著難以估量的力量,如無聲的命令,潤物的春雨,凝聚人心的磁石,撥開雲霧的燈塔。明代哲學家王陽明曾用金子比喻人格的「純度」,其「含金量」愈高,影響力愈大。古往今來,高尚的人格令人敬仰,卑劣的人格遭人唾棄。我們要取得別人的信任,提高我們的人格是關鍵。

良好的品格，可以提高陌生人對我們的信任

良好的品格，可以說是我們的立身之本，如正直、善良、熱忱、堅毅、誠實，具有這些品格的人，無不是形象突出，為人們所喜愛。

如果一個人在剛踏入社會時，就決心把建立自己的優良品格作為以後事業的資本，做任何事情，都無悖於養成完美人格的要求，即使他無法獲得盛名與巨大利益，也不至於失敗。那些人格墮落、喪失操守的人，卻永遠不能成就真正偉大的事業。

美國總統林肯就有這種優良的品格。他樂於助人，使得他在任何場合中都能與別人打成一片。在律師事務所的合夥人亨恩頓先生說：「在林肯先生住所住滿人的時候，他會把自己的床讓給別人。然後，他自己到店裡的櫃檯上睡，捲一捲布當作枕頭。」這種樂於助人、樂善好施的性格，使得林肯備受人民的愛戴。

林肯的美好名聲為什麼不隨著歲月的流逝而消失，反而與日俱增，婦孺皆知？因為林肯的

一生都保持正直的品格，從來沒有作踐過自己的人格，從來不糟蹋自己的名譽。這也充分地印證了一句話：「人的品格是世界上最偉大的一種力量。」

許多人在談及自己的提升或人生最初起步的成功時，都把這些歸功於自己所擁有的堅韌、樂觀、熱心、親切隨和等品格。

如今，很多人對於這一點缺乏認識，他們過分地注重技巧和手段，卻忽視對正直品格的培養。為什麼有許多公司情願以非常昂貴的代價，用已經去世數十年或數百年的人的名字來做公司的名稱？因為在那些已逝者的名字裡面含有正直的品格，代表信用，使消費者感到可靠。想想有些名人的實際情況，其信用之穩固程度如同岩石一樣堅固，這就可以證明人格的價值。

美國亨氏食品加工工業公司總經理霍金士先生有一天突然從化驗鑑定報告單上發現，他們生產的食品配方中具有保鮮作用的添加劑有毒，雖然用量不大，但長期服用肯定對身體有害；如果悄悄在配方中刪除該添加劑，又會影響食品鮮度。

此情一旦公布於眾，定會引起同行的強烈反對。然而，他最終向社會宣布：這種添加劑有毒，對身體有害。

隨後，所有從事食品生產加工的老闆聯合起來，用一切手段攻擊他，指責他別有用心、打擊別人、抬高自己，並且一起抵制亨氏公司的產品，使亨氏公司到了瀕臨倒閉的邊緣。

這場爭論持續了四年，霍金士在快要傾家蕩產之時，名聲卻家喻戶曉，人們為他這種正直的品格所折服。公司的產品成了人們放心的熱門商品，亨氏公司在很短的時間內又恢復了元氣，規模擴大了兩倍，霍金士一舉坐上了美國食品加工業的頭把交椅。

由此可見，擁有正直的品格多麼重要。有些人知道這樣的事實，但是他們仍然不將事業的基礎建立在正直的品格上，反而建立在技巧、詭計和欺騙上。這難道不令人感到奇怪嗎？

無論有多大的利益，無論有多麼難以抵擋的引誘，具有優秀品格的人都不會出賣人格。無論你從事何種職業，辦任何事，在自己做事的過程中都應該保持自己高尚的品格。在我們做一個律師、一名醫生、一個商人、一個職員、一個農民、一個議員，或者一個政治家時，都不要忘記：我們是在做一個「人」，而且要做一個具有高尚品格的人。這樣，我們的職業生涯和生活才能有重大的意義。

尊重別人，我們就可以得到別人的尊重

眾所周知，力是相互的，同樣尊重也是相互的。從小無論是父母還是老師都叮囑我們，想要獲得別人的尊重，首先就要尊重別人。現代社會處在一個生活節奏空前快捷的時代，人們的生活、工作、學習在講究品質的同時，更追求效率。因而，人們的言行更直接、更簡潔了。與此同時，人們在交往中希望得到尊重，得到重視的渴望更加強烈了。

在人際交往中，這一點更是重要。試想一下，在我們面對一個陌生人時，我們態度謙虛、說話誠懇，對方沒有理由不尊重我們。

如果我們想得到他人的讚揚，讓別人承認我們的優點，處處受人歡迎，那麼我們就要學會尊重他人的優點，努力使人感到他的尊嚴。

有一個年輕人應邀去參加一個盛大的舞會，可是年輕人卻顯得心事重重。一位年長的女士邀請他共舞一曲，隨著歡快的舞曲，年輕人也逐漸變得開朗。

一曲結束，年輕人對年長的女士給予由衷的讚美，對她的舞技大加讚賞。年長的女士聽到有人這麼欣賞她的長處，顯得很開心。出於好奇，女士忍不住詢問年輕人剛開始時，為何愁眉不展。年輕人講出了原因，原來年輕人是一家運輸公司的老闆，可是由於自然災害的原因，他的公司遭受了很大的損失，已經接近破產的邊緣。年輕人已經沒有多餘的資金維持公司的周轉了，即使想翻身也沒有機會。

事有湊巧，年長女士的丈夫是當地一家銀行的經理，女士很爽快地把年輕人介紹給了她的丈夫，她的丈夫隨即找人對年輕人的公司進行了分析和調查後，給他貸款一筆資金，幫助年輕人度過了難關，解了燃眉之急。

每個人都希望在人前保持一種高人一等的優越感。所以，在與人交往之時，有必要讓對方明白，你承認他的優勢並肯定他的存在，並且真誠地承認和肯定——這是打開對方心扉的鑰匙。在與陌生人交往時，我們要做到尊重對方，就從以下幾個方面入手：

首先，從內心要有尊重他人的基本認識。現實中人確有職業、身分高低之分，但不存在人格貴賤之別。要善於根據時間、地點的變化及角色轉變，做好每個角色應該做的。還要根據對方的年齡、身分因素等，來轉化語氣、語速、話題，表現出對人的尊重。

其次，從外在言行禮儀中，表現對他人的尊重。在與人交往的態度上，要特別注意我們的舉手投足，要從細節上讓對方敏感的神經因我們的善意而放鬆，比如注意傾聽、謙虛禮貌、實事求是，都屬於尊重別人的表現。

在交往中採取什麼樣的態度，可以表現我們對別人的尊重程度。在外表上，要注意和場合搭配，特別是要穿著得體、整潔、幹練。這不僅能夠表現良好的個人修養，也是向對方傳遞一種友好、善意、尊重的信號。穿著一身得體的禮服，再加上適宜的微笑，可以想像得到，在任何場合，對方都會感覺到我們帶來的「撲面春風」般的友好；反之，蓬頭垢面、不修邊幅、輕佻之舉，都是不尊重人的表現。

再次，在細節方面，展示我們的尊重。守時向來是有修養、有素質的人必備的良好品格。因為如果別人準時赴約，而我們卻姍姍來遲，這不僅是你對他人的不禮貌和不重視，更嚴重的是在浪費他人的時間，耽擱他人的事情，實在是一種不尊重他人的表現。

最後，言語要得體。一個人的外在固然重要，可是更重要的是我們的言談所表達出的素養，這是我們的特別之處。並且，在與人交往時也要特別注意言辭的把握和運用，如別人正談得投機，我們卻頻繁插話；對別人忌諱的問題，我們卻打破砂鍋問到底等，這些都是不尊重他人的表現。

同時，還應該注意什麼樣的場合配合什麼樣的言語，如在朋友的結婚喜宴上應談些喜慶的話題、吉利的話題。如果盡談些令人掃興的話，就是不尊重對方的表現。

與人為善，從自己做起

人是群居的動物，從一出生起，就避免不了與各種各樣的人接觸，尤其是華人社會，人與人的關係很複雜，沒有人能逃得過這張巨大而無形的關係網。我們應該如何維繫這張網，即我們如何對待他人？

有一天，子路、子貢、顏回在一起談論待人之道。

子路說：「別人以善意待我，我也用善意待他；別人用不善待我，我也用不善待他。」子貢說：「別人用善意待我，我也用善意待他；別人用不善待我，我就引導他向善。」顏回說：「別人以善意待我，我也用善意待他；別人用不善待我，我也以善意待他。」

最後，孔子很贊成顏回的做法。

我們在面對陌生人時，很可能會遇到各種各樣的對待，我們不能因為對方沒有善待我們就產生報復的心理，而是要用自己的善意感化對方。

在十九世紀中葉的一個冬季裡，有一個少年流浪到了美國南加州的華爾森小鎮。冬季的小鎮雨雪交加，有一家花圃旁的小道變得泥濘不堪，行人紛紛改道穿花圃而過，弄得裡面一片狼藉。

少年看到這些，心裡很不忍花圃被踐踏，因此他便冒著雨雪看護花圃，讓行人仍從那條泥濘的小路上走過。這時，一個老人挑來了一擔爐渣，將那條小路鋪好了，於是行人就不再從花圃中穿行了。

少年問老人為什麼要給別人鋪路，老人對少年說：「我鋪好了路，別人就不再穿行花圃，我關照了別人也就是關照了我自己。」

原來，老人是這個家的主人，更巧的是，他還是這個小鎮的鎮長。鎮長因為少年的善良而收留了他。

這個少年卻隨時記著「關照別人就是關照自己」這句話，並且心靈受到很大震撼和啟迪。他知道，關照別人雖然也需要付出，但同樣能得到收穫。鎮長的一句話，成為這個少年終生享用不盡的巨大財富，他後來成了石油大王，他就是哈默。

人性原本有善有惡，事實上也可善可惡。一般人偏向性善，「人之初，性本善」，自己抱持善意，期待對方善意的回應，多半能夠心想事成。

我們與陌生人其實也是交互的，我們對他好，他沒有理由不對我們好。同樣的道理，一開始就認定對方缺乏誠意，如果對方十分敏感，一下子就會看出來，當然不會誠懇地響應我們，這是十分自然的事情。表現自己的善意，使對方對我們產生比較良好而深刻的印象，才能進一步建立關係。所以，我們不但需要引起他人的注意，還需要造成良好的觀感。

不僅自己向善，還要導人向善。對方的美德，應該替他宣揚；對方有缺點，要幫助他改正。聞過則喜是一種美德，可惜做得到的人委實太少，那我們應該怎麼辦？子曰：「忠告而善道之。」意思是說，當對方有過錯的時候，要忠誠地勸告他，要好好地開導他。

指出對方的缺點或錯誤時，要先讚美他，然後批評他，最後再讚美他，這樣他才會樂於接受。也可以借用別人的話來批評對方，例如：「有人說你相當不近人情，但是我的感覺完全不是這樣」或者「我看你整天忙於工作，偏偏有人還在批評你偷懶……」這樣就可以弱化批評的語氣。

我們要影響對方，必須先瞭解他的背景和立場，主動給予配合，才能讓他樂意接受。盡可能發現彼此相似的地方，最好能找出他的優點，喜歡他、關心他。當這些反應傳給他以後，他也會有所回饋。

表達善意要多替他人著想，站在他人的立場，別人才可能依據交互精神，同樣站在我們的立場來合理地回應。大家都將心比心，交集的範圍加大，彼此有共識，當然容易溝通而建立良好的人際關係。任何人凡事只想到自己而不考慮他人，必然被視為自私自利而得不到他人的支持和歡迎。

現實生活中，有些人別說是結交陌生人了，連自己身邊的人都嫌棄他。主要原因不是大家故意和他們過不去，而是他們在與人相處時總是自以為是，對別人百般挑剔，隨意指責，人為地製造問題。只有處處與人為善，嚴於律己，寬以待人，才能建立與人和睦相處的基礎。

在很多時候，我們怎麼對待別人，別人就會怎麼對待我們。這就教育我們，要待人如待己。在我們遇到困難的時候，我們的善行會衍生出另一個善行。

朋友也要分「級別」

「朋友」一詞，在現今越來越受到人們的議論。雖然大家都說只要生命存在，「朋友」就會在生命中紮根，但還是有太多的人因為交友不慎而走上了扭曲的人生道路，因為朋友的背信棄義、相互攻擊而感歎人間的蒼涼！

雖然我們很希望結交陌生人做我們的朋友，但是在交朋友時我們要謹慎，要對對方多瞭解。人是很複雜的，瞭解一個人並不是一件簡單的事。但只要我們注意觀察，就可以透過一個人的喜好來瞭解他的素質、修養和品格。

物以類聚，人以群分。只有性情相近、脾氣相投的人，才能成為朋友。如果對方的朋友都是一些不三不四、不倫不類的人，他的素質也不會太高；如果他結交的都是些沒有道德修養的人，他自己的修養也不會太好。有些人交朋友以性格、脾氣取人，有共同的話題就是朋友；有些人以追求取人，有相同的追求就可以成為朋友；有些人因為愛好相同而走到一起。但無論如何，只有二人修養相當、品格差不多時才能成為永久性的朋友。所以，瞭解一個人的朋友，就可以瞭解這個人。

與身心健全的人交往，不僅可以使自己得到別人的尊敬，而且也可以促進自己的身心健康，提高品格修養。

有自尊心且身心健康的人，通常都有很強烈的個人主義意識，不喜歡輕易附和別人的意見。但其具有誠實的本性，不僅能忠實於自己，也能忠實於朋友。而且，他們為了保護自己，常常會表現出很強的自尊心，但這種自尊不是我們所謂的「傲慢」，而且也不含一點「輕視」別人的意味，只是事事自己做主，不容他人插足而已。

這種人無法忍受他人的欺侮，一旦有人欺侮他，就會遭到激烈地反抗！此外，他們的心態一直很穩定，能與人愉快相處，以整體的觀點來說，這種人是屬於和藹、意志高昂的類型，因此很容易成功。

假如我們已經不慎交上不良的朋友，應該採取敬而遠之的態度，要知道：把一顆爛蘋果留在筐裡，會使一筐的蘋果都腐爛掉。

一個人擇友，一定要在「良」字上下功夫。我們選擇的朋友，儘管會有各式各樣的不足，但必須本性是好的。他能與我們坦誠相處，在道義上能互相勉勵，當我們有了成績能與我們分享，有了過錯能嚴肅規勸我們。這種真誠待人的朋友可稱為「摯友」，這種能指出我們過錯的朋友又稱為「諍友」，這種能使我們對真、善、美的事物更加嚮往，使我們變得更高尚，更富有智慧的朋友，就是我們應當尋求的，並使我們終生受益的「良友」。與這樣的朋友建立起健康而真摯的友誼，會成為我們前進的動力。

相反的，那種可能使我們變得庸俗低下，使我們的思想、品格「墮落」，或以哥兒們義氣拉攏、迷惑我們，沒有原則，不講是非，拉幫結派，甚至會使我們墮入犯罪的深淵，這種所謂的「朋友」是萬萬交不得的。

在現實生活中，確實有很多的功利朋友，他們看中的是我們的權勢、關係，像這樣的人，一旦現出原形，就要及時斷絕來往，避免被拉下水，沒有回頭的希望。

每個人都有自己獨立的人格，人格決定每個人的行為方式。

從這個角度講，每個人的言行都會依照人格的軌跡去運行。人格有高尚和卑微之分。人格的力量是一種無形的看不見摸不著的東西，但它又有一種不受任何外界制約的自然的影響力。

高尚的人格常會受到人們的尊重、讚許和仰慕，進而形成強大的感召力和心靈震撼力，讓人們自然而然、自覺自願地去效仿和服從。我們提高了自己的人格後，就會使陌生人對我們產生自然親切的感覺，我們再去與他們交往，通常都不會被對方拒絕。

成功講座 391

一分鐘和陌生人成爲朋友

海鴿文化出版圖書有限公司 Seadove Publishing Company Ltd.

作者　燕君
美術構成　騾賴耙工作室
封面設計　九角文化/設計
發行人　羅清維
企劃執行　張緯倫、林義傑
責任行政　陳淑貞

出版　海鴿文化出版圖書有限公司
出版登記　行政院新聞局局版北市業字第780號
發行部　台北市信義區林口街54-4號1樓
電話　02-2727-3008
傳真　02-2727-0603
E-mail　seadove.book@msa.hinet.net

總經銷　創智文化有限公司
住址　新北市土城區忠承路89號6樓
電話　02-2268-3489
傳真　02-2269-6560
網址　www.booknews.com.tw

香港總經銷　和平圖書有限公司
住址　香港柴灣嘉業街12號百樂門大廈17樓
電話　（852）2804-6687
傳真　（852）2804-6409

CVS總代理　美璟文化有限公司
電話　02-2723-9968
E-mail　net@uth.com.tw

出版日期　2023年03月01日　二版一刷
定價　320元
郵政劃撥　18989626　戶名：海鴿文化出版圖書有限公司

國家圖書館出版品預行編目（CIP）資料

一分鐘和陌生人成為朋友 ／ 燕君作.
-- 二版. -- 臺北市 ： 海鴿文化，2023.03
面 ； 公分. --（成功講座；391）
ISBN 978-986-392-479-1（平裝）

1. 人際關係 2. 生活指導 3. 成功法

177.3　112000741